PENSIERO UMANO, INTELLIGENZA ARTIFICIALE

Riscoprire i superpoteri che ci rendono unici in un mondo tecnologico

Luigi Resta

SOMMARIO

PREFAZIONE

Viviamo in un'epoca straordinaria, in cui il confine tra uomo e macchina diventa sempre più sfumato. L'Intelligenza Artificiale ha raggiunto livelli che, fino a pochi anni fa, sembravano pura fantascienza: le macchine possono scrivere, parlare, tradurre e persino imparare. Eppure, c'è una domanda che rimane aperta: cosa ci rende unici, irripetibili e insostituibili?

L'intelligenza umana non è solo capacità di calcolo o analisi: è immaginazione, sensibilità e capacità di connettersi con gli altri. È la spinta creativa che trasforma il mondo, ma anche il dono di ascoltare il silenzio e di comprendere ciò che non è detto.

Il cuore di questo libro è il frutto del mio pensiero, un intreccio di idee e intuizioni radicate nella convinzione che l'essenza dell'essere umano sia irriducibile. Riflettendo sulle capacità straordinarie di creare, relazionarsi e affrontare la complessità, emerge un'idea fondamentale: **il pensiero umano possiede dei superpoteri**.

Questi superpoteri includono la creatività, l'empatia, l'intuizione e la capacità di immaginare e trasformare. Sono il cuore di ciò che siamo e rappresentano il nostro valore più grande. Scopriremo insieme come valorizzarli in un'epoca in cui la tecnologia rischia di oscurare la bellezza dell'intelligenza umana.

Non è solo un confronto tra uomo e macchina, ma un invito a riscoprire la forza del nostro pensiero e a credere nel potenziale straordinario che ciascuno di noi porta dentro di sé.

PERCHÉ QUESTO LIBRO?

Nel mezzo del cammin di nostra vita
mi ritrovai per una selva oscura,
ché la diritta via era smarrita.

Ahi quanto a dir qual era è cosa dura
esta selva selvaggia e aspra e forte
che nel pensier rinova la paura!

Tant' è amara che poco è più morte;
ma per trattar del ben ch'i' vi trovai,
dirò de l'altre cose ch'i' v'ho scorte.

Io non so ben ridir com' i' v'intrai,
tant' era pien di sonno a quel punto
che la verace via abbandonai.

Dante Alighieri, Divina Commedia, Inferno, Canto I,
vv. 1-12

Questi versi risuonano ancora oggi con forza, non solo per la bellezza del loro ritmo, ma perché parlano di una condizione universale: lo smarrimento.
Come Dante si perde nella selva oscura, così anche noi, nel

cuore della nostra epoca, ci troviamo talvolta disorientati di fronte a ciò che non conosciamo.

L'Intelligenza Artificiale, con la sua rapida evoluzione, è una di quelle *"selve"* che molti trovano oscure e impenetrabili.
Cosa significa davvero? Cosa farà al nostro mondo?
Siamo in pericolo o stiamo semplicemente assistendo alla nascita di uno strumento che può aiutarci?

Non è difficile comprendere perché, per molti, la *"diritta via"* sembra smarrita. Viviamo in un tempo di informazioni rapide, spesso superficiali, dove la complessità dell'Intelligenza Artificiale viene talvolta ridotta a profezie di distruzione o promesse di un futuro utopico.

E in questa confusione, il dubbio cresce.

Ma proprio come Dante ci insegna che dalla selva si può uscire, anche noi possiamo intraprendere un viaggio verso la comprensione.

Se senti il peso delle domande e temi ciò che non conosci, questo cammino è per te.
E se ti lasci guidare, alla fine potresti scoprire che l'intelligenza artificiale non è un nemico, ma un alleato; non un pericolo, ma una possibilità.

Il mio intento è accompagnarti oltre le ombre di questa *"selva"* e mostrarti che, al di là delle paure, esiste una strada che conduce a *"riveder le stelle"*.

"Luigi, ma ne avevamo proprio bisogno?"

Sì, e ti spiego perché.

In un mondo pieno di libri e articoli sull'intelligenza artificiale, molti si concentrano sulla tecnologia: quanto è potente, cosa può fare, quali sono i rischi. Questo libro, invece, è diverso.

Non vuole semplicemente raccontarti cos'è l'IA o spaventarti con scenari futuristici catastrofici. Vuole riportare l'attenzione su di noi, sugli esseri umani e sui nostri superpoteri. Creatività, empatia, intuizione: qualità che nessuna macchina potrà mai imitare davvero. Il libro è un invito a riscoprire ciò che ci rende unici, comprendendo che, anche nell'era dell'intelligenza artificiale, sono queste caratteristiche a distinguerci e a darci forza.

Parlo ai genitori, agli insegnanti e a tutti coloro che vogliono preparare i giovani a convivere con questa tecnologia senza perdere la propria umanità. La tecnologia non deve prendere il sopravvvento, ma diventare un alleato al servizio dell'intelligenza umana.

Sì, ne avevamo bisogno per ricordarci che il destino sarà sempre nelle nostre mani.

Nel corso di questo libro, le parole "Intelligenza Artificiale" saranno talvolta sostituite dall'acronimo "IA", un'abbreviazione ormai di uso comune e ampiamente riconosciuta. Questa scelta è stata fatta per rendere la lettura più scorrevole e accessibile, senza sacrificare la chiarezza.

Buona lettura, mi trovate a fine libro per le conclusioni e *"a riveder le stelle"*.

Luigi Resta

INTELLIGENZA ARTIFICIALE: CAPACITÀ, LIMITI E PAURE

Siamo nel 2024. L'Intelligenza Artificiale non è più un concetto relegato agli esperti di tecnologia o ai laboratori di ricerca: è diventata parte integrante della nostra quotidianità. Ovunque ci volgiamo, troviamo tracce della sua influenza, dalle decisioni che prendiamo inconsapevolmente grazie agli algoritmi, fino agli strumenti che utilizziamo per lavorare, comunicare e creare.

L'automazione industriale ha raggiunto livelli inimmaginabili, con robot e macchine che gestiscono intere catene di produzione, aumentando l'efficienza e riducendo i costi. Nella vita di tutti i giorni, assistenti vocali come Alexa e Siri rispondono alle nostre domande, automobili a guida autonoma promettono un futuro più sicuro sulle strade, e piattaforme come Netflix e Spotify personalizzano ogni esperienza in base alle nostre preferenze.

Ma c'è di più: l'intelligenza artificiale generativa (GenAI), rappresentata da strumenti come, ad esempio, ChatGPT e DALL-E, ha rivoluzionato la creatività. Ora, non solo possiamo chiedere all'IA di aiutarci a scrivere testi o creare immagini, ma possiamo anche collaborare con essa per sviluppare idee e progetti un tempo impensabili.

La tecnologia sta ridefinendo i confini tra ciò che è umano e ciò che è automatizzato.

Questa rapidità di evoluzione porta con sé aspettative straordinarie, ma anche paure profonde. Ci chiediamo quale sarà il nostro posto in un mondo dove le macchine sembrano essere sempre più potenti e autonome. Le insicurezze legate all'IA non riguardano solo il lavoro o la creatività, ma si estendono al controllo, all'etica e alla nostra stessa identità come esseri umani.

Capacità dell'IA

L'intelligenza artificiale si è affermata come uno strumento versatile e potente, capace di affrontare compiti complessi e migliorare la vita in numerosi ambiti. Le sue applicazioni sono così ampie che spesso si parla dell'IA come di una rivoluzione paragonabile all'avvento dell'elettricità.

Ecco alcune delle principali capacità che rendono l'IA uno strumento così rilevante:

1. Elaborazione dei dati

La capacità di analizzare enormi quantità di informazioni in tempi ridottissimi è uno dei punti di forza più evidenti dell'IA. Questa caratteristica la rende indispensabile in settori come la medicina, ad esempio, con l'identificazione di patologie attraverso l'analisi di immagini cliniche o dati genetici, migliorando la diagnosi precoce.

2. Automazione

L'IA ha trasformato la gestione di compiti ripetitivi e complessi nell'Industria, con la produzione automatizzata che aumenta l'efficienza e riduce gli errori, nei servizi, con i Chatbot che rispondono a domande dei clienti in modo rapido ed efficace. Per non parlare della guida autonoma, ovvero di veicoli che utilizzano sensori e algoritmi per navigare in modo sicuro.

3. Creatività

Grazie all'intelligenza artificiale generativa, è possibile creare contenuti originali come testi e articoli, immagini e design, musica e video.

4. Personalizzazione e previsioni

L'IA analizza comportamenti individuali per migliorare l'esperienza utente sugli E-commerce, con raccomandazioni di prodotti, nell'intrattenimento con suggerimenti personalizzati su Netflix e Spotify, nel Marketing con la creazione di campagne mirate basate su dati comportamentali.

5. Ottimizzazione dei processi

La capacità dell'IA di analizzare dati in tempo reale consente miglioramenti significativi in energia, clima, sicurezza informatica, ecc.

Ogni capacità dell'IA mostra come questa tecnologia stia

rimodellando i settori in cui opera.

Le paure legate all'IA

Nonostante le straordinarie capacità dell'intelligenza artificiale, il suo rapido avanzamento suscita insicurezze e timori. Questi sentimenti sono spesso radicati nell'incertezza del futuro e nelle implicazioni etiche, sociali ed economiche che la tecnologia porta con sé. Di seguito, esploriamo alcune delle principali paure associate all'IA:

1. Paura del controllo e della sostituzione
L'idea che l'IA possa prendere il sopravvento in ambiti che tradizionalmente appartengono all'uomo alimenta il timore di perdere il controllo. Sul lavoro, la crescente automazione solleva il problema della disoccupazione tecnologica, dove mansioni ripetitive e perfino professioni qualificate vengono affidate alle macchine. C'è chi teme che sistemi avanzati possano agire in modo autonomo, superando le intenzioni umane e creando conseguenze impreviste.

2. Perdita di autonomia
Con l'aumento della dipendenza dai sistemi tecnologici, molte decisioni sono delegate agli algoritmi, riducendo il controllo umano. Questo include decisioni quotidiane (come cosa guardare o acquistare) e questioni più complesse, come l'approvazione di un prestito o la diagnosi medica. Il rischio è che la fiducia cieca nell'IA porti a una società meno autonoma, dove le scelte individuali sono guidate da modelli statistici.

3. Pregiudizio e discriminazione

Gli algoritmi imparano dai dati che gli vengono forniti. Se questi dati contengono pregiudizi o errori, l'IA rischia di perpetuarli o amplificarli. Esempi reali includono sistemi di reclutamento che penalizzano le donne o minoranze e strumenti di sorveglianza che discriminano determinate etnie. Questo problema solleva questioni etiche importanti, soprattutto quando l'IA viene utilizzata in ambiti come la giustizia o la sanità.

4. Privacy e sicurezza

L'IA richiede enormi quantità di dati per funzionare al meglio, spesso raccolti senza piena consapevolezza degli utenti. Questo pone problemi di protezione della privacy e rischi di utilizzo improprio dei dati personali, sia da parte di aziende che di governi. Inoltre, i sistemi IA sono vulnerabili a intrusioni e manipolazioni, mettendo a rischio informazioni sensibili.

5. Disuguaglianza sociale ed economica

L'accesso alla tecnologia avanzata non è uniforme: le grandi aziende e le nazioni più ricche godono di vantaggi significativi rispetto agli altri. Questo può portare a una concentrazione di potere e ricchezza, aumentando il divario tra chi ha accesso all'IA e chi ne è escluso. Il rischio è di creare una società in cui pochi controllano strumenti potenti, lasciando gli altri in una posizione di crescente vulnerabilità.

6. Imprevedibilità e mancanza di trasparenza

I sistemi di intelligenza artificiale, specialmente quelli basati su deep learning, operano in modo che spesso nemmeno i loro creatori comprendono completamente. Questo rende difficile prevedere come reagiranno in situazioni non familiari, aumentando il rischio di errori o decisioni inaspettate. Questi timori sono spesso amplificati dalla mancanza di educazione e consapevolezza sul funzionamento dell'IA, portando molte persone a percepire la tecnologia come una "scatola nera" incomprensibile.

Affrontare queste paure richiede non solo una migliore regolamentazione e trasparenza, ma anche un dialogo più aperto su ciò che l'IA può e non può fare.

Dove l'IA si ferma: i limiti

Nonostante i progressi straordinari, l'intelligenza artificiale ha dei limiti intrinseci che la rendono incapace di sostituire completamente il pensiero umano. Questi limiti emergono in aree fondamentali dove la tecnologia, per quanto avanzata, non può replicare l'essenza dell'esperienza umana:

1. Creatività autentica
L'IA è in grado di generare contenuti, ma non può creare in senso autentico. I suoi algoritmi si basano su dati esistenti e modelli statistici per combinare e trasformare informazioni, ma mancano di una visione originale. L'immaginazione umana, che porta a innovazioni rivoluzionarie e concetti mai visti prima, rimane un territorio esclusivamente umano.

2. Empatia e connessione emotiva
L'IA può simulare risposte emotive, ma non prova emozioni. Non ha una consapevolezza soggettiva né la capacità di entrare in empatia con gli altri. Questa

mancanza la rende inadatta in contesti che richiedono una comprensione profonda delle emozioni, come la psicoterapia, l'educazione o la costruzione di relazioni significative.

3. Intuizione e giudizio morale

Il pensiero umano va oltre la logica formale, includendo intuizioni che non possono essere spiegate solo dai dati. L'IA non possiede un senso etico intrinseco: le sue decisioni sono guidate da regole predefinite e non da principi morali. Questo limite emerge chiaramente in contesti delicati come la giustizia, dove il giudizio morale richiede una comprensione profonda del contesto umano.

4. Adattabilità in situazioni sconosciute

L'IA funziona meglio in contesti ben definiti, dove può apprendere da dati preesistenti. In situazioni completamente nuove o impreviste, la tecnologia spesso fallisce o si comporta in modo inefficiente, poiché manca di una capacità intrinseca di adattamento creativo.

5. Esperienza soggettiva

L'IA non ha un'esistenza soggettiva: non sente, non vive, non ha una coscienza. Questa mancanza di esperienza diretta rende impossibile per l'IA comprendere pienamente concetti umani come il dolore, la gioia o l'amore.

6. Mancanza di motivazione e scopo intrinseco

Le macchine agiscono in base a programmi e obiettivi impostati dagli esseri umani. Non possiedono motivazioni proprie, né il desiderio di migliorarsi o di perseguire un significato più profondo nella vita.

Questi limiti definiscono il confine tra uomo e macchina, sottolineando che, nonostante la potenza dell'IA, è il pensiero umano a rimanere la fonte primaria di innovazione, etica e significato. I limiti dell'IA non sono solo tecnici, ma radicati nella sua natura: un insieme di regole e dati che non potrà mai emulare l'esperienza e la complessità dell'essere umano.

L'intelligenza artificiale rappresenta una delle innovazioni più potenti della nostra epoca. La sua capacità di elaborare dati, automatizzare processi e supportare la creatività ha rivoluzionato molti ambiti, rendendola uno strumento indispensabile. Allo stesso tempo, i suoi limiti ci ricordano che non è un'entità autonoma, ma una tecnologia progettata per servire l'umanità.

Ciò che distingue l'essere umano dalla macchina è più di una semplice questione di capacità tecnica: è l'essenza stessa del nostro pensiero. La creatività autentica, l'empatia, l'intuizione e il giudizio morale non sono semplici algoritmi, ma manifestazioni di una mente che vive, sente e attribuisce significato. Queste qualità non possono essere replicate dall'IA, perché nascono dall'esperienza umana e dalla complessità della nostra coscienza.

Mentre l'IA continua a progredire, il vero interrogativo non è cosa la tecnologia può fare, ma come possiamo utilizzarla per esprimere e potenziare ciò che ci rende unici. È qui che entra in gioco il concetto dei **superpoteri** del pensiero umano: capacità straordinarie che non solo ci distinguono dalle macchine, ma ci permettono di immaginare e costruire un futuro più umano, anche in un mondo sempre più tecnologico.

Il confronto non è tra uomo e macchina, ma tra il nostro potenziale inespresso e la tecnologia che possiamo utilizzare per realizzarlo. Nei capitoli successivi, esploreremo queste capacità uniche, comprendendo come possiamo coltivarle per affrontare con fiducia le sfide di un'epoca dominata dall'IA.

IL SUPERPOTERE DELLE PAROLE

Le parole: quanto possono davvero cambiare il mondo? Cosa distingue il nostro linguaggio, ricco di emozioni e significati profondi, da quello generato da una macchina?

Ogni parola pronunciata o scritta da un essere umano porta con sé una storia, un'emozione, un'intenzione. È attraverso il linguaggio che costruiamo relazioni, diamo forma ai pensieri e trasformiamo idee astratte in realtà. Mentre l'IA si limita a combinare schemi linguistici, l'essere umano attribuisce significato, crea legami e trasmette emozioni che nessun algoritmo potrà mai vivere. Le parole non sono solo strumenti, ma frammenti della nostra identità e del nostro vissuto.

Dalla prima parola pronunciata, dalla prima voce che udiamo appena nati, le parole segnano il nostro viaggio nel mondo. Esse rappresentano il nostro ingresso nella comunicazione umana e, per estensione, nella società stessa. La capacità di dare un nome agli oggetti, di formulare pensieri e di trasmettere emozioni non è solo un processo biologico o psicologico, ma il segreto della nostra umanità. Con le parole, non ci limitiamo a descrivere ciò che ci circonda, ma diamo un senso a ciò che è dentro e fuori di noi. In questo, l'intelligenza umana si distingue in modo profondo dall'intelligenza artificiale: le macchine, per quanto sofisticate, mancano della capacità di creare un significato intrinseco e personale dietro le parole.

Fin dall'infanzia, i genitori e gli educatori introducono i bambini a un universo di parole, permettendo loro di esplorare, capire e riconoscere il mondo. Attraverso il linguaggio, costruiamo relazioni, condividiamo esperienze e costruiamo una comunità di significati. Quando un bambino impara a dire "mamma" o "papà", non sta solo ripetendo dei suoni, ma stabilisce una connessione emotiva profonda. Le parole, in altre parole, diventano veicoli di affetto, fiducia e sicurezza.

La differenza sostanziale tra l'uso delle parole da parte dell'uomo e dell'intelligenza artificiale è dunque nel loro valore emotivo e simbolico. Mentre l'IA è in grado di processare e riprodurre parole a una velocità e precisione impressionante, essa è priva di esperienza emotiva e di un contesto interiore da cui emergono i significati.

I modelli linguistici dell'IA possono calcolare le migliori probabilità statistiche per creare frasi sensate, ma non hanno esperienza vissuta né possono comprendere i legami emotivi che attribuiamo al linguaggio.

Noi, invece, sappiamo che dire "grazie" può essere un atto di rispetto, dire "scusa" può essere una forma di guarigione, e "ti voglio bene" è un'ancora emotiva che ci unisce agli altri.

Le parole sono strumenti del pensiero

Come ha sostenuto lo psicologo Lev Vygotsky, il linguaggio umano non è solo uno strumento di comunicazione ma un mezzo attraverso cui le persone costruiscono e condividono la propria realtà interiore. Egli osserva che "Il linguaggio non è un'entità a sé stante, ma **un mezzo per esprimere il pensiero**. È nel pensiero che si trova la forza del linguaggio."

> *Come il linguaggio, anche l'atto di pensare è una forma di azione; entrambe le cose, il parlare e il pensare, sono azioni che si sviluppano nello spazio interiore.*
> *- Lev Vygotsky*

In effetti, la parola è per noi anche un elemento di creatività: possiamo usare il linguaggio per raccontare storie, per creare mondi immaginari e per esplorare scenari impossibili. Un libro, un poema, una lettera non sono mai solo lettere su una pagina, ma una finestra verso una realtà intessuta di significato ed esperienza. L'intelligenza artificiale può generare testi complessi e rispondere a domande, ma non può scrivere poesie che riflettano il dolore, la gioia o il mistero che solo un'esperienza realmente umana può ispirare. Ogni nostra parola porta con sé una risonanza personale che è impossibile per un sistema artificiale replicare.

La potenza delle parole è evidente anche nei momenti di crisi e di guarigione. Durante la malattia, ad esempio, una parola di conforto può fare una differenza immensa.

Un "andrà tutto bene" detto con affetto può alleviare il dolore e donare speranza. L'IA può offrire risposte logiche e formulare affermazioni incoraggianti, ma senza il cuore. Noi, esseri umani, invece, attribuiamo alle parole una profondità che va oltre il loro significato letterale, poiché sappiamo cosa vuol dire soffrire e cosa vuol dire essere consolati.

Un esempio straordinario della capacità del linguaggio di influenzare profondamente l'animo umano si trova nelle parole dello scrittore Victor Hugo. Hugo ha scritto:

"Niente come un sogno può creare il futuro. La parola è il ponte attraverso cui passano i sogni e si trasformano in realtà."

Le parole, infatti, non solo raccontano ciò che è, ma possono anche evocare ciò che sarà. Un'affermazione semplice come "Io posso farcela" può dare forza e ispirare cambiamento, sia nelle piccole battaglie quotidiane sia nelle grandi trasformazioni personali.

Infine, è proprio attraverso le parole che sviluppiamo una coscienza di sé. Ogni conversazione, ogni dialogo interno è un passo verso una comprensione più profonda della nostra identità e dei nostri valori. L'intelligenza artificiale può risolvere problemi e rispondere a quesiti, ma manca di una consapevolezza autonoma. Noi, invece, utilizziamo il linguaggio per definire chi siamo e per interrogare il nostro posto nel mondo. Dire "Io sono" racchiude tutto un mondo di identità, di relazioni e di storia personale che nessuna macchina, per quanto avanzata, potrebbe mai comprendere o emulare.

Le parole non sono dunque solo suoni o simboli; sono espressioni della nostra essenza. Esse ci permettono di dare forma ai nostri pensieri, di connetterci agli altri, di costruire significati e di dare un senso alla nostra esistenza. In questo, l'umanità trova una forza insostituibile che nessuna macchina potrà mai replicare: la capacità di creare e di comprendere attraverso il potere del linguaggio un mondo che è, in ogni senso, unico e profondamente umano.

Le parole raffinano il nostro sguardo sulla realtà, aiutandoci a cogliere dettagli e connessioni che altrimenti sfuggirebbero.

Il vocabolario plasma la profondità del pensiero

Le parole sono le unità fondamentali del pensiero articolato. Quando conosciamo più termini per descrivere una sensazione o un concetto, possiamo approfondire la nostra riflessione su di esso. Ad esempio, distinguere tra "paura", "ansia", "terrore" e "preoccupazione" permette di affrontare le emozioni in modo più preciso, identificandone le cause e le possibili soluzioni. Senza questa precisione linguistica, potremmo rimanere prigionieri di una confusione emotiva. La qualità del vocabolario che utilizziamo determina la chiarezza e l'efficacia del nostro pensiero.

Un bambino che cresce con un vocabolario ricco è meglio equipaggiato per comprendere concetti complessi e per comunicare con gli altri. Può descrivere le proprie emozioni, risolvere conflitti e apprendere più rapidamente.

La capacità di esprimere meglio i propri sentimenti e di ascoltare gli altri in modo attento e preciso crea connessioni più profonde e significative.

Nei contesti lavorativi, chi ha la padronanza di un linguaggio tecnico specifico si distingue per la capacità di argomentare e proporre soluzioni.

Un ponte tra linguaggio e pensiero critico

La conoscenza delle parole non solo migliora il pensiero, ma lo rende anche più critico. Per esempio, conoscere la parola "sofisma" ti aiuta a riconoscere un ragionamento ingannevole, mentre termini come "eufemismo" o "manipolazione" ti mettono in guardia contro abusi linguistici. Le parole non sono mai neutre; saperle decodificare ti rende più consapevole e meno vulnerabile alla retorica ingannevole.

L'intelligenza artificiale, pur conoscendo milioni di parole, non le "vive". Non percepisce la profondità emotiva di un termine come "nostalgia" o la complessità culturale dietro un concetto come "dignità". L'essere umano, invece, non usa le parole solo per costruire frasi, ma per interpretare e dare senso al mondo. Questo è il motivo per cui la nostra qualità di pensiero è legata al vissuto che infondiamo nelle parole, un tratto unico che l'IA non potrà mai replicare.

Arricchire il proprio vocabolario non è solo un esercizio linguistico, ma una chiave per espandere la mente. Ogni nuova parola che impariamo è come una finestra che si apre su una nuova prospettiva.

Investire nella qualità delle parole che conosciamo significa investire nella qualità della nostra vita: pensieri più chiari, relazioni più profonde e una comprensione più ricca della realtà.

Le parole sono il filo con cui tessiamo il tessuto dei nostri pensieri, e la qualità di quel filo determina la bellezza e la resistenza del nostro mondo interiore.

Un gioco con i bambini per scoprire il potere delle parole

Un ottimo modo per coltivare la curiosità verso le parole, specialmente con i bambini a casa o in classe, è quello di trasformare l'apprendimento in un gioco creativo e interattivo. Ecco un'idea semplice ma efficace:

Gioco: "La Parola del Giorno in Azione"
- Ogni giorno scegliete una parola nuova dal dizionario (io sono iscritto alla newsletter di "Una parola al giorno" - https://unaparolaalgiorno.it/ - e ogni giorno ricevo via mail una parola nuova).
- Condividete la parola con i bambini, spiegandone il significato e raccontando un breve esempio pratico o divertente in cui usarla.
- Poi, coinvolgeteli in una sfida creativa:
    - In casa: fate una gara a chi riesce a usarla più volte nel modo corretto durante la giornata.
    - In classe: inventate una storia collettiva in cui ogni bambino contribuisce con una frase che deve contenere la parola scelta.

Perché funziona:
Questo gioco rende le parole vissute e divertenti, trasformandole in parte della vita quotidiana. Inoltre, stimola il vocabolario, la creatività e l'interazione sociale, aiutando i bambini a comprendere l'importanza del linguaggio nel modo più naturale e coinvolgente possibile. Le parole non saranno solo qualcosa da imparare, ma uno strumento per creare connessioni e divertirsi.

Provatelo: scoprirete quanto il linguaggio può diventare un'esperienza viva e condivisa!

Il Fascino di -IA: Le Parole e l'Intelligenza Artificiale

Hey, avete mai fatto caso che moltissime parole della lingua italiana finiscono per -ia? Filosofia, empatia, utopia... complotto!!! No, non sto suggerendo che ci sia un'oscura cospirazione linguistica in corso, ma fermiamoci un attimo a riflettere: non è curioso come queste parole abbiano tutte un significato profondo e universale? Come se quel -ia avesse il compito di racchiudere concetti grandi, astratti, e a volte persino un po' misteriosi.

E ora aggiungiamo un pizzico di modernità: l'acronimo IA, ovvero Intelligenza Artificiale. È solo una coincidenza o il destino ci sta dicendo qualcosa? Magari l'IA è la nostra nuova "parola in -ia", un concetto ancora tutto da esplorare, ma già capace di sollevare domande filosofiche e pratiche.

Insomma, le parole in -ia ci invitano a riflettere su ciò che siamo, e l'IA su ciò che potremmo diventare. Pronti per una danza linguistica tra il passato e il futuro? Seguitemi, sarà divertente!

IA e -IA: Una Danza Linguistica tra Uomo e Macchina

Nella lingua italiana, una parola che termina con **-ia** può assumere diversi significati e funzioni, a seconda del contesto e dell'origine etimologica.

Molte parole provengono dal greco o dal latino e rappresentano concetti universali. Esse definiscono stati, qualità, discipline, e persino visioni politiche e sociali.

Queste parole non solo arricchiscono il nostro vocabolario, ma diventano anche strumenti per riflettere sul significato e sulla complessità dell'esperienza umana.

Ecco un elenco non esaustivo, e vi invito, anzi, a trovarne altre:

- **Filosofia** (dal greco philosophía, "amore per la sapienza") l'attività di pensiero che indaga i fondamenti della realtà, i principi e le cause, le condizioni della conoscenza, i valori e le questioni legate all'agire umano.

- **Empatia** (dal greco en "dentro" e pathos "sentimento") la capacità di comprendere e condividere i sentimenti e i pensieri altrui attraverso un processo di immedesimazione.

- **Sinergia** (dal greco synergía, "collaborazione")

Azione congiunta che produce un effetto superiore alla somma delle parti.

- **Utopia** (dal greco ou-topía, "non-luogo")
Visione di una società ideale, irraggiungibile.

- **Distopia** (dal greco dys-topía, "cattivo luogo")
Visione di una società oppressiva e disfunzionale.

- **Democrazia** (dal greco dēmokratía, "governo del popolo")
Forma di governo in cui il potere risiede nella volontà collettiva.

- **Analogia** (dal greco analogía, "proporzione")
Relazione di somiglianza tra elementi diversi.

- **Ironia** (dal greco eirōneía, "dissimulazione")
Contraddizione apparente tra ciò che si dice e ciò che si intende.

- **Armonia** (dal greco harmonía, "connessione, accordo")
Fusione equilibrata di elementi diversi.

- **Pareidolia** (dal greco para- "vicino" + eidōlon, "immagine")
Tendenza a riconoscere forme familiari in oggetti o pattern casuali.

- **Euforia** (dal greco euphoría, "senso di benessere")
Stato di gioia intensa, di ottimismo esaltato, caratterizzato da allegria e vigore.

- **Simmetria** (dal greco symmetría, "misura equilibrata")
Equilibrio e armonia nelle proporzioni.

Le parole come **filosofia**, **empatia**, **democrazia** e **utopia**, sono finestre sulla complessità dell'esperienza umana. Hanno una profondità che racconta la nostra capacità di astrarre, immaginare e creare significati. L'intelligenza artificiale, al contrario, è un costrutto tecnologico nato per decodificare, analizzare e replicare schemi umani.

Ma cosa succede quando questi due mondi si incontrano? Nasce una danza curiosa, un dialogo che ci porta a interrogarci sul nostro ruolo in un mondo sempre più tecnologico.

La **filosofia**, con il suo amore per la sapienza, rappresenta il cuore della riflessione umana. Ci pone domande fondamentali: "Chi siamo?", "Perché esistiamo?". La **analogia**, che lega elementi apparentemente distanti, è uno strumento fondamentale di questo ragionamento. L'intelligenza artificiale può aiutare a individuare connessioni nuove, ma manca di ciò che rende la filosofia unica: l'intuizione e il significato personale.

L'**empatia**, ovvero il "sentire dentro", è il motore delle relazioni umane. L'IA può analizzare espressioni facciali, toni di voce, persino testi, per simulare un'apparente empatia, ma non potrà mai provare emozioni reali. L'IA può creare **sinergia** con l'uomo, aiutando a superare barriere comunicative e culturali. È una collaborazione affascinante, ma sempre e solo tecnica.

La **democrazia**, il potere del popolo, e la **utopia**, il sogno di una società ideale, sono concetti intrinsecamente umani. L'IA potrebbe aiutare a gestire sistemi complessi, migliorando i processi democratici, ma non potrà mai incarnare valori come libertà e giustizia. E il rischio, se mal utilizzata, è quello di scivolare verso una **distopia**, una società dove le macchine dettano le regole.

Le parole **simmetria** e **armonia** evocano equilibrio e bellezza, caratteristiche che l'IA può riconoscere e replicare con estrema precisione. La **pareidolia**, ovvero la capacità umana di vedere volti o figure in oggetti casuali, è un'altra storia: è un gioco della mente che va oltre il semplice riconoscimento di pattern. L'IA può analizzare i dati, ma non attribuirvi un significato emotivo.

L'**ironia**, l'arte di dire una cosa intendendone un'altra, e l'**euforia**, il senso di gioia improvvisa, sono esperienze che appartengono all'universo umano. La **sinestesia**, la percezione simultanea di sensi diversi (come "vedere" suoni), rappresenta una creatività che le macchine possono solo imitare, mai vivere.

E a proposito di ironia, eccoci arrivati alla fine di questa curiosa esplorazione tra parole che finiscono in in -ia e Intelligenza Artificiale, un po' come nella vecchia **fattoria**...

Immaginate la scena: **filosofia** e **democrazia** che pascolano tranquille, mentre **empatia** cerca di calmare una **distopia** ribelle che fa baccano nel pollaio. L'intelligenza artificiale, invece, è quel trattore nuovo di zecca che il contadino usa per arare i campi, utile sì, ma mai capace di cantare al ritmo della canzone.

E allora, che dire? Se vogliamo che la **fattoria** continui a prosperare, ricordiamoci che l'IA deve seguire il nostro -ia:

cuore, cervello e un pizzico di **ironia. IA -ia oh!**

Le parole danno forma al nostro pensiero, ma è attraverso le domande che il pensiero si evolve. Ogni domanda è un'apertura verso l'ignoto, un gesto di curiosità che nessuna macchina potrà mai replicare davvero.

IL SUPERPOTERE DELLE DOMANDE

Le domande sono ciò che ci definisce. Cosa ci spinge a cercare risposte, ad esplorare il mondo, a metterci in discussione? E perché l'essere umano, a differenza di una macchina, non smette mai di interrogarsi?

Le domande non sono solo un mezzo per ottenere risposte; sono una manifestazione del nostro pensiero creativo e della nostra curiosità innata. Mentre l'IA risponde, analizza e prevede, manca della capacità di porre domande autentiche, di immaginare scenari inesplorati o di mettere in discussione i propri limiti. Questo è ciò che ci rende unici: la spinta a chiedere "perché?", non solo per sapere, ma per comprendere, crescere e trasformare il nostro mondo.

Questo continuo processo di interrogazione costituisce il fondamento della filosofia, della scienza e persino della nostra identità come esseri umani. L'etimologia stessa della parola filosofia, derivata dal greco antico philos (amore) e sophia (sapienza), ci racconta l'essenza della ricerca filosofica: un amore per la conoscenza che si alimenta proprio attraverso le domande. Socrate, uno dei padri della filosofia occidentale, sviluppò il celebre metodo socratico basato proprio sull'arte di porre domande per stimolare la riflessione e mettere in dubbio le certezze.

"Una vita senza ricerca non è degna di essere vissuta."
— Socrate

La capacità di formulare domande non è solo un atto cognitivo, ma una manifestazione della curiosità innata che ci distingue come specie. Sin da bambini, il nostro modo di apprendere è basato su una sequenza incessante di "perché?". Questo impulso ci permette di accumulare conoscenza, risolvere problemi e innovare. Ogni progresso scientifico o tecnologico della storia umana è nato da un interrogativo: Come possiamo volare? Come possiamo curare questa malattia? Come funziona l'universo?

Le domande aperte, in particolare, sono fondamentali per sviluppare il pensiero critico e creativo. A differenza delle domande chiuse, che prevedono una risposta semplice e definita, le domande aperte stimolano la riflessione e generano una molteplicità di risposte possibili. Questo tipo di interrogativi è alla base di discipline come la filosofia, ma anche di campi pratici come il design thinking, dove il processo di innovazione comincia spesso con domande del tipo: Come possiamo migliorare l'esperienza di un utente?

L'intelligenza artificiale, per quanto avanzata, non possiede la capacità di formulare domande proprie. Gli algoritmi possono analizzare dati, rispondere a domande poste dagli esseri umani e persino anticipare bisogni o desideri, ma non sono mossi da un'autentica curiosità. Questo è un limite fondamentale che distingue l'intelligenza umana, caratterizzata da un'intenzionalità creativa, dall'IA, che è essenzialmente reattiva.

L'arte di porre le giuste domande all'intelligenza artificiale

L'IA eccelle nel fornire risposte precise basate su grandi quantità di dati, ma manca della capacità di chiedersi "perché?". Non è in grado di contemplare l'etica delle proprie azioni, di mettere in discussione gli assunti su cui si basa o di immaginare possibilità al di fuori dei suoi parametri programmati.

Un aspetto cruciale nell'interazione con strumenti di intelligenza artificiale come ChatGPT è la capacità di formulare le giuste domande. L'IA, per quanto avanzata, rimane un sistema reattivo, il cui livello di efficacia dipende direttamente dalla chiarezza, specificità e contesto delle richieste poste dall'utente. Ad esempio, una domanda vaga come "Parlami dell'intelligenza" genererà una risposta generica, mentre una domanda più mirata, come "Quali sono i principali vantaggi dell'intelligenza artificiale nell'educazione scolastica?", porterà a una risposta più pertinente e dettagliata.

Questa dinamica sottolinea un punto fondamentale: mentre l'IA non può formulare autonomamente domande, l'essere umano può sfruttare la propria capacità di interrogazione per guidare la macchina e ottenere risultati che rispondano alle proprie esigenze. Porre le giuste domande non è solo un atto tecnico, ma anche un'espressione della nostra intelligenza creativa, un'abilità che l'IA non può imitare. In questo senso, l'interazione con sistemi come ChatGPT diventa un esercizio di collaborazione sinergica, dove l'essere umano utilizza le sue doti cognitive per ottenere il massimo da uno strumento tecnologico.

ChatGPT può generare risposte coerenti e articolate, ma non si chiederà mai spontaneamente: come posso aiutare meglio l'utente? Quali sono le implicazioni filosofiche del mio funzionamento? Queste domande richiedono un livello di riflessione e autoconsapevolezza che solo l'essere umano possiede.

Le domande filosofiche, in particolare, ci spingono a esplorare i grandi temi dell'esistenza: Chi siamo? Qual è il senso della vita? Domande di questo tipo non hanno una risposta definitiva, ma il loro scopo non è fornire certezze, bensì arricchire la nostra comprensione del mondo e di noi stessi.

Come affermava il filosofo tedesco Immanuel Kant, la filosofia si basa su quattro domande fondamentali:

Cosa posso sapere?
Cosa devo fare?
Cosa posso sperare?
Che cos'è l'uomo?

"Il sapere non è altro che una risposta alle domande che ci poniamo."
— *Immanuel Kant*

Queste domande ci aiutano non solo a definire i limiti della nostra conoscenza, ma anche a orientarci nella vita pratica, a stabilire i nostri valori e a trovare un senso nel caos dell'esistenza.

Un esempio emblematico del **potere delle domande** nella storia è rappresentato dalla rivoluzione scientifica. Quando Galileo Galilei si chiese: "E se fosse il Sole, e non la Terra, al centro dell'universo?", egli non solo rivoluzionò l'astronomia, ma anche il modo in cui l'umanità percepiva il proprio posto nel cosmo. Similmente, le domande di Marie Curie sul comportamento degli elementi radioattivi aprirono la strada a scoperte fondamentali in fisica e medicina.

Anche nella vita quotidiana, le domande possono essere strumenti di trasformazione personale. Chiedersi Cosa voglio veramente nella mia vita? o Cosa posso fare per migliorare la situazione in cui mi trovo? può portarci a prendere decisioni significative e a cambiare direzione.

Nell'era dell'intelligenza artificiale, è più importante che mai **riscoprire il valore delle domande**. Mentre l'IA continua a progredire nel rispondere a interrogativi specifici, l'umanità deve preservare e coltivare la propria capacità di interrogarsi sul significato, sulla giustizia, sull'etica e sulle possibilità future.

Le domande rimangono il nostro strumento più potente per guidare il cambiamento e dare un senso alla nostra esistenza.

Come scrisse il filosofo Martin Heidegger, la capacità di porre domande è l'essenza stessa del pensiero:

"Il domandare è la pietà del pensiero."

Questo rende le domande non solo un punto di forza dell'intelligenza umana, ma anche il fondamento della nostra umanità.

Le domande ci guidano verso la comprensione, ma non sempre la risposta si trova nella logica. Spesso sono le emozioni a darci le risposte più profonde, collegandoci agli altri e a noi stessi in modi che nessuna macchina potrà mai comprendere.

IL SUPERPOTERE DELLE EMOZIONI

L e emozioni non si vedono, eppure guidano ogni nostro passo. Sono un filo invisibile che lega le nostre esperienze e le nostre scelte. Ma quanto contano davvero nella nostra vita, e cosa succede quando ci confrontiamo con una macchina che non può provarle?

Le emozioni ci rendono capaci di affrontare le sfide più grandi, di trovare forza nell'incertezza e di costruire relazioni autentiche. Nessuna intelligenza artificiale potrà mai replicare quella connessione profonda tra sentimento e azione, una caratteristica che non solo ci distingue dalle macchine, ma ci definisce come esseri umani.

Le emozioni permeano ogni aspetto della nostra esistenza, dalle nostre prime interazioni come neonati, fino ai momenti cruciali della nostra vita adulta. Sono il motore che guida l'essere umano verso la scoperta, l'apprendimento, la relazione e l'adattamento alle sfide quotidiane.

Questo "circuito bioelettrico", come lo chiama la Prof.ssa Lucangeli, fa sì che ogni nostra esperienza venga vissuta attraverso una lente emozionale, creando una complessa rete di significati che influenzano il nostro cervello e, di conseguenza, il nostro comportamento. Le intelligenze artificiali, pur avanzatissime nella logica e nell'elaborazione dati, rimangono strutturalmente incapaci di replicare questa intelligenza emozionale, che si è sviluppata nell'essere umano come un vantaggio adattivo fondamentale.

Le emozioni come fondamento dell'intelligenza sociale

Dal momento della nascita, il neonato si relaziona con il mondo principalmente attraverso le emozioni. Nei primissimi mesi di vita, l'intelligenza sociale prende forma con il primo sorriso intenzionale del bambino, un segnale di riconoscimento e di risposta al volto della madre. Questo primo atto di riconoscimento stabilisce una connessione emotiva che è fondamentale per lo sviluppo. Il cervello umano, anche nelle sue fasi più primitive, è programmato per rispondere agli stimoli emozionali. Questo dimostra come la socialità e l'affetto siano parte integrante della crescita intellettiva.

Studi nel campo delle neuroscienze, come quelli di Daniel Siegel, hanno dimostrato che il cervello umano si sviluppa in risposta all'interazione con il caregiver:

"Le esperienze emotive che si instaurano nelle relazioni modellano le connessioni cerebrali che influenzeranno l'individuo per tutta la vita."

La paura e l'impotenza appresa

Un bambino che sperimenta paura durante l'apprendimento associa questa emozione negativa a ciò che sta imparando. In questo caso, entra in gioco un meccanismo noto come impotenza appresa. Se un individuo, soprattutto in età giovane, continua a percepire un senso di paura o disagio in una determinata attività, potrebbe sviluppare una resistenza cronica verso quella stessa attività.

La gioia, l'amore, e la soddisfazione sono tutte emozioni che stimolano il nostro cervello a impegnarsi in nuovi apprendimenti e a consolidare conoscenze già acquisite. L'incoraggiamento ha un potere superiore rispetto al rimprovero.

Il motivo è semplice: ogni volta che ci viene data fiducia, il nostro cervello risponde positivamente, rilasciando neurotrasmettitori che facilitano l'apprendimento. In uno studio di riferimento di Malka Magalit, si evidenzia che

> *"un singolo atto di incoraggiamento può essere più efficace di 89 rimproveri"*

In termini di apprendimento, quindi, le emozioni giocano un ruolo di primo piano nel rafforzare le memorie e nell'incoraggiare la continuità. L'intelligenza artificiale può simulare una struttura d'incoraggiamento attraverso algoritmi di ricompensa, ma manca di una vera comprensione emotiva, limitandosi a una simulazione che risponde a stimoli senza partecipazione.

Emozioni antagoniste e intelligenza adattiva

Una delle caratteristiche più straordinarie del nostro sistema emotivo è la capacità di regolare e trasformare emozioni negative in positive attraverso ciò che la Prof.ssa Lucangeli chiama "emozioni antagoniste". La paura, ad esempio, può essere contrastata dall'incoraggiamento e dal sostegno sociale, generando un sistema di adattamento che l'IA non può replicare. Questo fenomeno mostra come l'essere umano non solo sperimenti emozioni, ma le integri e le modifichi per rispondere alle proprie esigenze di crescita e sopravvivenza.

> *"Il vero impatto delle emozioni positive si misura nel lungo termine, nelle tracce invisibili che esse lasciano nella mente e nelle relazioni che costruiscono." – Siegel, Il Cervello Interpersonale*

Mentre le IA possono imitare comportamenti emotivi o rispondere a modelli preimpostati, esse non possiedono il substrato bioelettrico che permette agli esseri umani di "sentire" davvero. Le emozioni umane non sono solo reazioni istintive ma costituiscono una memoria viva, un'esperienza accumulata che si integra con il nostro processo decisionale e cognitivo.

Questa caratteristica è ciò che rende l'essere umano unico: il pensiero emozionale, che unisce logica e sentimento in un'unica esperienza, adattiva e ricca di significato.

L'intelligenza artificiale, sebbene efficiente e precisa, non è in grado di sviluppare una coscienza emozionale. Gli algoritmi che definiscono le IA non sono in grado di apprendere dall'esperienza emotiva in senso stretto, né possono trasformare le emozioni in risorse.

È qui che risiede il limite invalicabile della tecnologia rispetto all'umanità: mentre l'IA potrà sempre superare l'uomo in velocità e capacità di calcolo, non potrà mai replicare l'esperienza e l'evoluzione emozionale che definisce la nostra specie.

Le emozioni non sono mai isolate: vivono e si amplificano attraverso le relazioni. È nei legami umani che troviamo il senso più profondo della nostra esistenza, un ambito dove l'empatia e la connessione superano ogni calcolo.

IL SUPERPOTERE DELLE RELAZIONI

*Sei quel sorriso
che arriva quando
ne avevo più bisogno,
sei quell'abbraccio
che mi ricorda
che non sono solo*

Ogni incontro, ogni legame, ogni gesto condiviso crea un filo invisibile che tesse la trama della nostra vita. Ma in un mondo sempre più connesso tecnologicamente, cosa distingue le relazioni autentiche da quelle mediatiche o artificiali?

Le relazioni umane non sono solo scambi di informazioni o interazioni prevedibili. Sono il risultato di empatia, fiducia e reciprocità. Mentre l'IA può facilitare connessioni, non potrà mai costruire legami autentici. L'identità umana si costruisce attraverso le relazioni. Queste non solo plasmano chi siamo, ma influenzano le nostre emozioni, guidano le nostre scelte e stimolano il nostro sviluppo.

La nostra esistenza si intreccia inestricabilmente con il mondo sociale. Fin dalla nascita, ci costruiamo attraverso le relazioni, sviluppando una percezione di noi stessi che è influenzata dal giudizio altrui e dalle dinamiche della comunità. Ma ciò che distingue realmente l'essere umano non è solo la capacità di connettersi con gli altri, ma anche il potere di scegliere, di discernere tra ciò che è giusto e ciò che è sbagliato, tra bene e male.

Nel mondo contemporaneo, caratterizzato dall'influenza pervasiva della tecnologia, queste dinamiche assumono una nuova complessità. Come possiamo preservare la nostra unicità umana in un contesto in cui il giudizio sociale si amplifica e il potere delle relazioni autentiche rischia di essere sostituito da interazioni artificiali? La risposta risiede nella capacità dell'essere umano di esercitare il libero arbitrio, di scegliere consapevolmente e di costruire relazioni significative che alimentano la nostra libertà morale.

Il giudizio sociale e il "Social Proof"

Il fenomeno del "social proof" (prova sociale) è una dinamica che, pur essendo antica quanto l'umanità stessa, è oggi più rilevante che mai. Coinvolge la tendenza naturale a conformarsi alle azioni e alle opinioni del gruppo per determinare ciò che è accettabile o corretto. Questo concetto, introdotto dallo psicologo Robert Cialdini nel suo libro Influence: The Psychology of Persuasion (1984), si basa su principi evolutivi: il comportamento collettivo forniva sicurezza e sopravvivenza nei contesti primitivi.

Nella modernità, il "social proof" si manifesta ovunque: dalle recensioni online che influenzano le nostre scelte d'acquisto, al numero di follower che conferisce credibilità a una persona o a un brand, fino alla scuola, dove il valore dello studente è spesso misurato solo in base ai voti e alle performance. Questa dinamica, un tempo utile per la sopravvivenza, è ora un meccanismo che può alienarci.

Oggi, viviamo in una società in cui il giudizio sociale è amplificato da tecnologie come i Social Media. Tre ambiti cruciali dimostrano quanto il "social proof" condizioni la nostra vita:

- Nella scuola: gli studenti vengono valutati attraverso voti e classifiche, trasformando l'apprendimento in una "gara". L'aula, che dovrebbe essere un luogo di scambio e crescita, diventa un "patibolo" che alimenta ansia e competizione malsana.

- Nelle relazioni personali: la ricerca dell'approvazione sociale ostacola la costruzione di legami autentici. L'autoaccettazione viene subordinata al giudizio altrui, generando insicurezza e isolamento.

- Sui Social Media: i "like" e i "follower" sono diventati simboli moderni di valore personale, creando un'illusione di connessione che spesso si traduce in solitudine e perdita di autenticità.

L'intelligenza artificiale e il pericolo del giudizio meccanico

Immaginiamo un mondo in cui il giudizio sociale non sia solo umano, ma anche affidato a macchine. Gli algoritmi già analizzano le nostre abitudini, personalizzano i contenuti che vediamo e influenzano i nostri comportamenti. Tuttavia, se permettessimo alle macchine di giudicarci in modo più profondo, valutando la nostra personalità o le nostre capacità, rischieremmo di perdere completamente la nostra libertà di autodeterminazione.

Come sottolinea Sherry Turkle nel suo libro Alone Together:

"Stiamo costruendo tecnologie che ci promettono compagnia, ma ci mettono a distanza. È un paradosso che ci costringe a riconsiderare cosa significhi essere umani."

La vera forza delle relazioni umane risiede nella loro complessità emotiva e nella reciprocità, caratteristiche impossibili da replicare per un'IA. Ecco alcune peculiarità delle relazioni autentiche:
- Empatia: l'uomo è in grado di comprendere e condividere le emozioni altrui. L'intelligenza artificiale, invece, interpreta le emozioni come dati, senza viverle realmente.
- Reciprocità: le relazioni umane si basano su uno scambio continuo di emozioni e pensieri, mentre l'IA risponde in modo unidirezionale.
- Crescita condivisa: attraverso le relazioni, le persone crescono insieme, affrontando difficoltà e celebrando successi. L'IA, priva di esperienza vissuta, non può partecipare a questo processo.

Carl Rogers, pioniere della psicoterapia centrata sul cliente, scriveva:

"La relazione che guarisce non è quella che trasmette informazioni, ma quella che dimostra comprensione."

Il ruolo delle relazioni nello sviluppo umano

Le relazioni autentiche rappresentano il cuore dell'esperienza umana. Attraverso il contatto con gli altri, impariamo a comprendere noi stessi e il mondo. Secondo John Bowlby, padre della teoria dell'attaccamento, il legame sicuro tra un bambino e il caregiver non solo garantisce protezione, ma stimola lo sviluppo emotivo e sociale.

"Il bambino ha bisogno di un legame sicuro non solo per sopravvivere, ma per esplorare e crescere con fiducia."

In ogni fase della vita, le relazioni autentiche influenzano il nostro sviluppo:
- Infanzia: attraverso il gioco e le interazioni, i bambini sviluppano empatia, linguaggio e capacità di risolvere problemi.
- Adolescenza: le amicizie e il confronto con i pari definiscono l'identità personale e morale.
- Età adulta: le relazioni familiari, amicali e professionali modellano il senso di realizzazione e appartenenza.

Le relazioni sono il tessuto che tiene insieme la nostra umanità. In un'epoca dominata dalla tecnologia e dall'IA, è fondamentale riscoprire il valore delle connessioni autentiche.

Solo le relazioni vere ci permettono di amare, crescere e trovare significato nella vita.

Come disse Martin Buber:

"In ogni incontro autentico, nasce un nuovo mondo."

I cerchi nell'acqua delle relazioni

Ogni interazione che abbiamo con gli altri è come un sasso lanciato in uno stagno: genera cerchi che si allargano, influenzando non solo chi ci è vicino, ma anche chi è più lontano, in modi che spesso non possiamo prevedere. Questa metafora, usata nella filosofia, nella psicologia e nella spiritualità, rappresenta la potenza delle nostre azioni e parole. Anche il gesto più piccolo, un sorriso, un atto di gentilezza, un ascolto sincero, può creare onde che si propagano oltre il momento presente, raggiungendo persone che non conosciamo direttamente.

Le relazioni umane sono uno dei principali veicoli attraverso cui questi cerchi si formano. Ogni volta che entriamo in contatto con qualcuno, non stiamo solo influenzando quella persona, ma stiamo contribuendo a un effetto a catena che si riflette nella società. Ad esempio, un insegnante che incoraggia uno studente può ispirarlo a intraprendere un percorso di vita che, a sua volta, influenzerà molte altre persone. Allo stesso modo, un gesto empatico verso qualcuno in difficoltà può spingere quella persona a trasmettere lo stesso gesto a qualcun altro, amplificando il messaggio.

La potenza di questi cerchi non risiede nella loro immediatezza, ma nella loro capacità di espandersi nel tempo e nello spazio. Come l'acqua che conserva tracce del sasso che vi è caduto, così la memoria delle nostre azioni rimane viva negli altri, creando una rete invisibile di connessioni. È per questo che le relazioni autentiche, basate sull'empatia e sulla comprensione, hanno un valore inestimabile: non si limitano a ciò che accade nel momento dell'interazione, ma costruiscono ponti che possono durare una vita.

In un mondo dove la tecnologia spesso riduce la profondità delle relazioni, sostituendo la presenza fisica con la comunicazione virtuale, è essenziale ricordare il potere dei cerchi nell'acqua. Sono le interazioni autentiche, quelle in cui ci concediamo di essere vulnerabili e aperti, a creare le onde più forti e durature. Coltivare relazioni di qualità non solo ci arricchisce, ma amplifica il nostro impatto sul mondo, portando energia positiva a una rete di connessioni che non possiamo sempre vedere, ma che possiamo sentire.

La capacità di creare relazioni autentiche e di scegliere tra bene e male è ciò che rende unica l'umanità. Questo **potere** si raffina nel tempo, diventando la base della nostra responsabilità morale.

Secondo Jean Piaget, la moralità non è innata, ma si sviluppa attraverso esperienze e confronti. La consapevolezza morale si costruisce passo dopo passo, guidata dall'interazione con il mondo.

"Il bambino non nasce buono o cattivo, ma lo diventa attraverso l'esperienza e il confronto con il mondo esterno."

L'essere umano è in grado di scegliere consapevolmente il proprio comportamento, basandosi su principi etici e valori personali. Questa capacità è ciò che distingue l'uomo dalla macchina. L'IA è priva di libero arbitrio, empatia e comprensione morale.

Un esempio concreto è rappresentato dai sistemi di riconoscimento facciale utilizzati per il controllo della sicurezza. Sebbene efficaci nell'identificare comportamenti sospetti, non possono valutare il contesto emotivo o sociale di una situazione. Un essere umano, invece, coglie le sfumature e valuta moralmente le azioni.

In un'epoca in cui il giudizio sociale e la tecnologia rischiano di sopraffarci, dobbiamo ricordare che la nostra libertà risiede nella consapevolezza e nell'empatia. Solo attraverso queste qualità possiamo costruire un futuro in cui la tecnologia sia un supporto e non una minaccia alla nostra umanità.

"Tra uno stimolo e una risposta c'è uno spazio. In quello spazio risiede il nostro potere di scegliere la nostra risposta. Nella nostra risposta risiede la nostra crescita e la nostra libertà. - Viktor Frankl"

La rete empatica che sostiene l'intelligenza umana: il ruolo dei neuroni specchio

L'interesse per i neuroni specchio è relativamente recente, ma la loro scoperta ha aperto un capitolo cruciale nella comprensione della nostra natura sociale e cognitiva. Il termine "neuroni specchio" deriva dalla loro peculiare attività: questi neuroni si "specchiano" attivandosi sia quando compiamo un'azione, sia quando osserviamo qualcun altro eseguire la stessa azione. Il concetto di "specchio" è una metafora potente che indica come il cervello umano, e quello di alcuni altri primati, rifletta, in senso figurato, le azioni e le intenzioni altrui.

La scoperta dei neuroni specchio risale agli anni '90, quando il gruppo di ricerca guidato dal neuroscienziato italiano Giacomo Rizzolatti presso l'Università di Parma si trovò ad osservare reazioni sorprendenti nei cervelli di alcuni macachi. Durante l'analisi delle aree motorie, i ricercatori notarono che alcuni neuroni si attivavano quando la scimmia eseguiva un'azione come afferrare del cibo, ma anche quando osservava un'altra scimmia, o un essere umano, compiere la stessa azione. Questo processo di rispecchiamento rappresenta una simulazione interna dell'azione altrui, come se il cervello dell'osservatore partecipasse attivamente all'esperienza di chi sta compiendo l'azione.

Questa scoperta ha rivelato un meccanismo fondamentale attraverso cui la cognizione sociale si sviluppa. Comprendere gli altri, anticipare le loro intenzioni e partecipare emotivamente a ciò che vivono è, per il nostro cervello, una sorta di programma innato, una rete empatica che si attiva senza alcuna mediazione verbale o razionale. I neuroni specchio offrono un ponte biologico tra sé e l'altro, permettendo alla nostra intelligenza di sentire e percepire dall'interno le esperienze altrui.

"Con la scoperta dei neuroni specchio abbiamo capito che il nostro cervello non solo riflette la realtà esterna, ma si proietta in essa, condividendo profondamente l'esperienza degli altri."

– Giacomo Rizzolatti

Fin dai primissimi giorni di vita, i neuroni specchio iniziano a svolgere un ruolo fondamentale nello sviluppo della connessione sociale. È stato osservato che i neonati sono in grado di imitare espressioni facciali come il sorriso e la linguaccia, un comportamento sorprendente dato che non possono aver appreso queste azioni. Questa abilità di rispecchiare gesti e espressioni altrui dimostra l'esistenza di un substrato neuronale preposto alla imitazione e alla socializzazione, che nei primi mesi di vita stimola l'attaccamento e la comprensione emotiva.

Col passare del tempo, i neuroni specchio supportano l'apprendimento di comportamenti più complessi, agevolando il bambino nell'apprendere per imitazione. La capacità di imitare non si limita alle azioni fisiche, ma si estende alle intenzioni: quando un bambino osserva un adulto che apre una scatola per prendere un oggetto, non apprende solo il gesto di aprire, ma anche lo scopo dell'azione stessa. Questo rispecchiamento, non limitato alla pura osservazione di movimenti, fornisce una comprensione profonda dell'intenzione altrui, una capacità chiave per il funzionamento sociale.

La psicologa e neuroscienziata Alison Gopnik ha affermato che i bambini sono piccoli scienziati, impegnati in un processo continuo di esplorazione e comprensione del mondo sociale, osservando e replicando ciò che vedono. I neuroni specchio sono alla base di questo processo, rendendo possibile una connessione intuitiva con gli altri, il che è fondamentale per l'acquisizione di abilità sociali e linguistiche.

Nella vita adulta, i neuroni specchio continuano a svolgere una funzione essenziale, specialmente nelle relazioni sociali e nella capacità di comprendere e condividere le emozioni altrui, fenomeno che chiamiamo empatia. Quando vediamo qualcuno provare una forte emozione, come la felicità, il dolore o la paura, i nostri neuroni specchio si attivano in modo simile a quando proviamo noi stessi queste emozioni. Questo processo consente al nostro cervello di simulare internamente lo stato emotivo dell'altro, creando una risposta empatica che diventa il fondamento della solidarietà e della cooperazione umana.

Ad esempio, se vediamo un amico in lacrime, sentiamo un dolore empatico, anche se non stiamo vivendo direttamente la sua situazione. Questa attivazione riflessa non è una semplice reazione passiva, ma un coinvolgimento attivo e partecipativo, un'esperienza emotiva che rafforza la connessione e la comprensione reciproca.

L'empatia ci consente di costruire legami profondi, di prenderci cura degli altri e di sviluppare un senso di responsabilità sociale.

Questa capacità empatica ci distingue dagli altri animali e rappresenta uno dei punti di forza dell'intelligenza umana. È attraverso l'empatia che sviluppiamo un senso di comunità e appartenenza, essenziale per la coesione e il progresso della società. Le comunità umane, sin dai tempi più antichi, si sono basate su questa capacità di rispecchiamento empatico, che ci permette di comprendere e condividere esperienze complesse, come il dolore della perdita, la gioia della vittoria o la speranza nel futuro.

"L'empatia è il collante sociale che tiene insieme l'umanità. Senza di essa, l'individuo sarebbe un'isola, isolato dal mondo emozionale degli altri."
– Daniel Goleman

L'intelligenza artificiale ha raggiunto livelli straordinari di complessità, riuscendo a svolgere anche compiti complessi , ma, nonostante i progressi, l'IA è ancora priva di un elemento fondamentale: la capacità di empatia. Mentre i neuroni specchio ci permettono di vivere e comprendere dall'interno l'esperienza altrui, le macchine rimangono intrappolate in una comprensione esterna e simbolica degli stati emotivi.

Le IA possono essere programmate per riconoscere le espressioni facciali, analizzare il tono di voce e persino rispondere in modo appropriato in base a modelli statistici, ma non provano realmente le emozioni. Questo limite è legato alla loro mancanza di un corpo fisico e di un sistema nervoso, elementi che sono cruciali per l'esperienza incarnata e per la costruzione delle simulazioni interne che costituiscono la base dell'empatia. L'intelligenza umana, al contrario, è radicata in un complesso sistema neurofisiologico che permette il rispecchiamento delle emozioni e delle intenzioni altrui.

Ad esempio, un assistente virtuale può essere programmato per rispondere con parole di conforto a una persona che esprime tristezza, ma non è in grado di sentire quella tristezza, né di sperimentare un riflesso empatico. Questo limite rappresenta una differenza fondamentale tra l'intelligenza umana, capace di riconoscere e condividere lo stato emotivo altrui, e l'intelligenza artificiale, che è costretta a imitare l'empatia senza poterla vivere.

I neuroni specchio non solo contribuiscono alla costruzione della nostra identità sociale e affettiva, ma svolgono anche un ruolo centrale nel processo educativo. L'apprendimento per imitazione è una delle prime e più efficaci modalità attraverso cui i bambini acquisiscono competenze. Imparare osservando e replicando le azioni degli altri è reso possibile dalla capacità del nostro cervello di simulare dall'interno ciò che vediamo fare agli altri. Questo ha importanti implicazioni nelle metodologie educative: un'insegnante che mostra un esperimento scientifico o una tecnica di pittura non trasmette solo informazioni, ma coinvolge attivamente i neuroni specchio degli studenti, che "partecipano" all'esperienza dell'apprendimento.

Questo meccanismo offre anche una base per l'educazione morale e sociale. Comprendere il dolore o la gioia di un compagno aiuta i bambini a sviluppare un senso di empatia e di giustizia, valori che sono cruciali per una convivenza armoniosa. Nella vita adulta, questa capacità di rispecchiare le emozioni degli altri favorisce la costruzione di una società inclusiva, dove il benessere collettivo è valorizzato.

> *"L'educazione dovrebbe nutrire la capacità empatica fin dall'infanzia, poiché è solo comprendendo il dolore e la gioia degli altri che possiamo crescere come esseri umani."*
> *– Albert Einstein*

I neuroni specchio sono molto più che una curiosità neuroscientifica: sono la prova di come il nostro cervello sia progettato per connettersi con gli altri, per comprendere il mondo e partecipare alla sua costruzione emotiva. Essi rappresentano il fondamento della nostra intelligenza sociale, una qualità che va ben oltre la pura elaborazione di informazioni e che pone l'essere umano su un piano differente rispetto alle macchine e all'intelligenza artificiale.

In un'epoca in cui l'IA sta assumendo un ruolo sempre più centrale nelle nostre vite, è essenziale ricordare che le macchine, per quanto avanzate, non potranno mai sostituire l'empatia umana.

Le relazioni autentiche richiedono impegno e, a volte, sacrificio. È nel dono di sé agli altri che l'essere umano dimostra una forza straordinaria, una scelta che nessuna intelligenza artificiale potrà mai comprendere o replicare.

IL SUPERPOTERE DEL SACRIFICIO

Il sacrificio ha un significato che va oltre la semplice rinuncia: è la scelta di dare valore a qualcosa di più grande di noi. Ma come possiamo confrontare questa capacità profondamente umana con una macchina che non può scegliere, né attribuire significato?

Mentre l'IA ottimizza processi e raggiunge obiettivi con precisione, non conosce il prezzo di ciò che realizza. Il sacrificio umano, invece, è un atto di volontà e di significato, una dimostrazione di ciò che ci distingue come esseri pensanti e emotivamente consapevoli.

L'IA non è un sostituto dell'ingegno umano, ma uno strumento che lo potenzia. L'IA può essere una alleata strategica nel raggiungimento di risultati significativi e di alta qualità. Come sottolinea Brendon Burchard,

> *"Il successo non è solo ciò che produci, ma l'impatto che crei."*

Usata con saggezza, l'IA permette di liberare tempo ed energie per concentrarsi su ciò che conta davvero, migliorando la qualità delle nostre azioni e ampliando le nostre possibilità di successo.

Mentre l'intelligenza artificiale si configura sempre più come una risorsa per amplificare l'operatività e le capacità umane, rimane una verità fondamentale: ciò che rende unica l'intelligenza umana è la sua capacità di attribuire significato alle proprie azioni. Se l'IA permette di raggiungere risultati con precisione ed efficienza, è l'uomo che stabilisce il perché di quei risultati e il valore intrinseco delle scelte che li determinano. Ed è qui che entra in gioco un concetto che nessuna macchina potrà mai comprendere appieno: **il sacrificio.**

Sin dai suoi albori, l'essere umano ha costruito il progresso attraverso una serie di sacrifici, piccoli e grandi, resi sacri dal valore attribuito loro. Derivante dal latino sacrum facere, il termine "sacrificio" significa "rendere sacro". Questo atto, che implica la rinuncia a qualcosa di immediato per uno scopo più grande, racchiude un significato profondo che attraversa la vita umana dalla nascita fino alla maturità.

Quando un genitore si sveglia nel cuore della notte per accudire un bambino, o quando decide di dedicare le proprie risorse alla sua educazione, non sta semplicemente rinunciando al proprio tempo o al proprio comfort. Sta trasformando quel gesto in un atto di amore e responsabilità, fondando le basi per il futuro di un altro essere umano. Questo tipo di sacrificio è intrinsecamente umano: è un atto consapevole, alimentato da empatia, proiezione nel futuro, e dalla capacità di vedere oltre il presente.

L'IA, per quanto avanzata, non possiede questa dimensione. Una macchina non sacrifica nulla. Non conosce la rinuncia, né il significato emotivo o spirituale che essa porta con sé. Può eseguire compiti complessi, può assistere nella risoluzione di problemi critici, ma non ha un perché che vada oltre la sua programmazione. Come ha sottolineato Viktor Frankl, "L'uomo è spinto non dalla ricerca del piacere, ma dalla ricerca del significato." Ed è proprio nella capacità di attribuire significato attraverso il sacrificio che risiede uno dei punti di forza più distintivi dell'intelligenza umana.

Il sacrificio, infatti, non è solo una rinuncia: è un atto di trascendenza. Prendiamo l'esempio di un atleta che si allena per anni, rinunciando a tempo libero, comodità e a volte persino a relazioni, per raggiungere un obiettivo ambizioso. Ogni sforzo, ogni rinuncia, diventa parte di un cammino più grande, che lo porta non solo a migliorare le proprie capacità fisiche, ma anche a sviluppare qualità come la resilienza, la disciplina, e la determinazione. Questi valori, che sono il prodotto di scelte deliberate e spesso difficili, sono il vero cuore della crescita personale.

Nel mondo moderno, spesso il termine sacrificio è associato a un'accezione negativa o tossica. Viviamo in un'epoca che esalta il benessere immediato e la gratificazione istantanea, e ciò ci porta a dimenticare che ogni grande conquista è il frutto di un sacrificio. La storia stessa ce lo insegna: dalle lotte per i diritti civili alle scoperte scientifiche, ogni progresso umano è stato costruito sulla capacità di sacrificare qualcosa di immediato per il bene di un futuro migliore. Albert

Einstein lo esprime bene:

"Non tutto ciò che conta può essere contato, e non tutto ciò che può essere contato conta."

Il sacrificio, infatti, non è misurabile con criteri materiali, ma rappresenta il valore immateriale che dà significato alle nostre vite.

Ma qual è la connessione tra sacrificio e IA? Usata saggiamente, l'intelligenza artificiale può alleggerire il carico delle attività ripetitive e meccaniche, permettendo agli esseri umani di concentrare le proprie energie su ciò che conta davvero. Tuttavia, ciò non elimina l'importanza del sacrificio. Al contrario, libera spazio affinché l'uomo possa rendere i propri sacrifici ancora più mirati e significativi. Ad esempio, un insegnante che utilizza l'IA per automatizzare alcune parti del proprio lavoro può dedicare più tempo all'educazione personalizzata degli studenti, un'attività che richiede empatia e presenza umana, entrambe qualità che nessuna macchina può replicare.

In definitiva, il sacrificio è ciò che definisce la nostra umanità. È il segno tangibile della nostra capacità di scegliere non ciò che è più facile o immediato, ma ciò che è giusto e significativo. Ed è anche ciò che ci distingue in modo netto dall'IA. Mentre le macchine possono ottimizzare processi e migliorare la produttività, rimane l'essere umano, con il suo coraggio di sacrificarsi, il vero architetto del futuro.

Il sacrificio ci insegna cosa conta davvero. E da quel senso di valore nasce la motivazione: una forza interiore che ci spinge a raggiungere traguardi che vanno oltre il semplice risultato.

di valore nasce la motivazione: una forza interiore che ci spinge a raggiungere traguardi che vanno oltre il semplice risultato.

IL SUPERPOTERE DELLA MOTIVAZIONE

La motivazione è una scintilla che accende il movimento, trasformando ciò che immaginiamo in azione. Ma da dove nasce questa forza così profondamente radicata in noi?

A differenza delle macchine, che eseguono ordini senza aspirazioni, gli esseri umani trovano nella motivazione un legame unico con il futuro: un desiderio che ci spinge a superare i nostri limiti e a costruire un significato personale per ogni traguardo raggiunto.

La motivazione è uno dei motori fondamentali dell'esperienza umana, un'energia che ci guida, fin dai primi istanti di vita, nel nostro percorso di crescita, apprendimento e cambiamento. La parola stessa, "motivazione," deriva dal latino motus, che significa "movimento," ed è intimamente legata all'idea di spinta verso un obiettivo, un desiderio o una meta. A differenza dell'intelligenza artificiale, che esegue compiti senza volontà intrinseca, gli esseri umani sono mossi da bisogni e aspirazioni che vanno oltre l'istruzione e il comando. La motivazione rappresenta, in effetti, una delle caratteristiche più distinte dell'intelligenza umana: un'inclinazione verso lo sviluppo e la trasformazione, alimentata da scopi che sono sia pratici sia profondamente significativi.

Sin dal primo vagito, la motivazione appare come una forza invisibile che guida ogni essere umano verso la crescita. Un neonato, ad esempio, non ha consapevolezza di un obiettivo, ma agisce comunque per soddisfare bisogni essenziali, come la fame o il desiderio di contatto. Questi bisogni, in apparenza semplici, evolvono gradualmente in aspirazioni più complesse, man mano che il bambino sviluppa la capacità di esplorare il mondo, apprendere e interagire. Abraham Maslow, nel suo famoso modello della "piramide dei bisogni," ha descritto questa progressione: dai bisogni di base, come la sopravvivenza e la sicurezza, agli strati superiori, come l'autorealizzazione.

> *"La motivazione è la forza che spinge l'uomo a cercare l'auto-affermazione e la realizzazione, rendendolo così capace di raggiungere la sua pienezza di essere."*
> *– Abraham Maslow, Motivation and Personality*

La motivazione, dunque, è la base dell'auto-evoluzione. Da bambini, siamo spinti da una curiosità naturale che ci porta a voler conoscere, esplorare e interagire. Questa curiosità innata è il primo segnale della motivazione come strumento di sviluppo. Man mano che cresciamo, iniziamo a riconoscere e formulare consapevolmente desideri e obiettivi, che diventano il nostro motivo per agire. Siamo mossi non solo dal bisogno, ma anche dalla volontà di superare noi stessi, di migliorare, di cambiare il nostro stato attuale per raggiungere una condizione ritenuta migliore.

L'essenza della motivazione nell'intelligenza umana

L'intelligenza umana si distingue per la capacità di trasformare l'ispirazione in azione attraverso la motivazione. In uno studio sull'auto-motivazione, Daniel Goleman ha sottolineato come la capacità di autogestirsi e trovare significato in ciò che facciamo rappresenti un aspetto centrale dell'intelligenza emotiva. Secondo Goleman, la motivazione intrinseca non è solo uno strumento per ottenere risultati, ma un fondamento per una vita significativa e soddisfacente.

> *"L'auto-motivazione è la capacità di spingersi a fare ciò che deve essere fatto senza il bisogno di gratificazioni esterne, ma perché ciò risuona con i propri valori e scopi personali."*
> – Daniel Goleman, *Emotional Intelligence*

Motivazione intrinseca e motivazione estrinseca sono concetti chiave nello studio della psicologia motivazionale. La prima, radicata in valori e scopi personali, ci spinge a perseguire obiettivi per il piacere stesso dell'attività o per il significato che essa riveste. La seconda, invece, è legata a fattori esterni, come ricompense materiali o riconoscimenti sociali. Entrambe le forme di motivazione giocano un ruolo essenziale nelle nostre vite, ma è quella intrinseca che spesso ci permette di superare ostacoli e perseverare anche di fronte alle difficoltà.

Se osserviamo l'intelligenza artificiale, vediamo come, nonostante le sue enormi capacità di calcolo e di apprendimento, sia priva di motivazione. Una macchina esegue compiti perché è stata programmata per farlo, ma non ha alcun desiderio o bisogno intrinseco di migliorarsi o di raggiungere un obiettivo personale. Al contrario, gli esseri umani si impegnano con passione, si mettono alla prova e si evolvono grazie al loro desiderio di raggiungere traguardi significativi.

Un esempio concreto può essere trovato nel mondo dello sport: un atleta umano si allena non solo per migliorare le proprie prestazioni, ma anche per il significato che attribuisce alla sfida e alla vittoria. La motivazione lo porta a sacrificare il tempo libero, a sopportare dolori e fatiche, e a superare i propri limiti. Un'intelligenza artificiale, per quanto avanzata, eseguirebbe lo stesso compito senza comprendere il valore della sfida e della perseveranza.

Questa differenza sostanziale evidenzia come la motivazione sia una forza guida esclusiva dell'essere umano, che gli permette di superare i propri limiti e di trasformare i sogni in realtà.

La motivazione nella realizzazione di Sé

La motivazione non è solo una spinta verso un obiettivo; è anche un percorso di crescita personale e di auto-realizzazione. Gli esseri umani trovano spesso la loro vera forza nei momenti più difficili, quando devono superare avversità o rialzarsi dopo un fallimento. Questo bisogno di risollevarsi, di ricominciare, deriva dalla motivazione a non accontentarsi di una vita di semplice sopravvivenza.

Prendiamo il caso di Victor Frankl, psicologo e sopravvissuto ai campi di concentramento nazisti, che ha scritto di come il significato e la motivazione possano dare forza anche nelle situazioni più disperate. Nel suo libro Man's Search for Meaning, Frankl racconta che le persone capaci di sopravvivere alle condizioni estreme dei campi erano quelle che riuscivano a trovare uno scopo, un significato nella loro sofferenza.

"La vita non è resa insopportabile dalle circostanze, ma dalla mancanza di significato e scopo."
– Victor Frankl, Man's Search for Meaning

La motivazione come chiave di evoluzione e innovazione

La motivazione non è solo uno strumento per affrontare le sfide personali; è anche la chiave dell'evoluzione umana. È grazie alla motivazione che l'umanità ha compiuto progressi straordinari, dalle scoperte scientifiche alle grandi opere artistiche. Senza la motivazione a esplorare, a conoscere, a migliorare il proprio mondo, gli esseri umani non sarebbero mai arrivati alle conquiste di cui oggi godiamo. L'intelligenza artificiale, per quanto potente, agisce solo nel limite dei compiti assegnati e manca della curiosità intrinseca che spinge l'uomo a innovare e creare.

La motivazione è, dunque, un'impronta profonda e

insostituibile dell'anima umana, un segno distintivo che ci separa dalle macchine e ci spinge oltre i nostri limiti. Ogni passo avanti, ogni scelta di non arrendersi, è alimentata dalla motivazione, che si presenta sotto forma di scopo, di desiderio o di un semplice bisogno di significato.

La motivazione è il cuore pulsante di ogni progresso umano, e senza di essa saremmo privi di quella scintilla che ci rende vivi e determinati a fare la differenza. Quando sentiamo quel bisogno di migliorare, di lasciare il nostro segno, stiamo attingendo alla fonte stessa di ciò che ci rende unici, che ci separa dall'intelligenza artificiale e che rappresenta il nostro più grande punto di forza.

La motivazione guida le nostre azioni, ma è attraverso l'esperienza che modelliamo chi siamo. L'epigenetica ci dimostra che possiamo trasformare non solo il nostro presente, ma anche il nostro futuro.

IL SUPERPOTERE DELL'EPIGENETICA

Quanto conta davvero ciò che ereditiamo dal nostro patrimonio genetico, e quanto invece dipende dalle scelte che facciamo? L'epigenetica ci svela che non siamo semplicemente il risultato dei nostri geni, ma partecipiamo attivamente a plasmare chi siamo attraverso l'ambiente, le esperienze e le decisioni.

L'epigenetica rappresenta uno dei campi più affascinanti della biologia moderna, aprendo una finestra sulla sorprendente flessibilità del nostro DNA. Il termine deriva dal greco antico: epi significa "sopra" o "oltre", mentre genetica si riferisce allo studio dei geni. Fu coniato nel 1942 dal biologo britannico Conrad Waddington, per descrivere i processi che guidano come un genotipo (il codice genetico) si traduce in un fenotipo (le caratteristiche osservabili).

La prima volta che mi sono imbattuto nel termine "epigenetica" è stato grazie a **Vittorio Serenelli**, durante una presentazione sul suo progetto educativo Movi-Mente, che si basa sul connubio tra movimento e apprendimento. Serenelli, maestro di judo, ha sviluppato questo programma per stimolare lo sviluppo motorio e cognitivo nei bambini, utilizzando il gioco e il movimento per migliorare la capacità di concentrazione e le competenze sociali.

Durante la sua presentazione, Serenelli accennò all'**epigenetica** spiegando come l'ambiente, e persino l'attività fisica, possano influenzare l'espressione genetica. Questo concetto mi colpì profondamente: l'idea che la nostra biologia non sia statica, ma che possa essere modellata dalle esperienze, apriva un universo di possibilità.

In breve:

> *il Tuo ambiente e le Tue scelte modificano il Tuo patrimonio genetico.*

Anche se nasciamo con un certo set intoccabile di geni, come questi vengono espressi può cambiare nel corso della nostra vita e queste modifiche possono essere, a loro volta, trasmesse alle future generazioni!

L'epigenetica è una meravigliosa chiave di lettura del nostro DNA, una dimostrazione scientifica che mostra come non siamo prigionieri del nostro patrimonio genetico, ma padroni dell'ambiente che lo modella.

L'epigenetica ci accompagna sin dal primo istante della nostra esistenza. Durante la gravidanza, l'ambiente uterino gioca un ruolo cruciale. Ad esempio, lo stress materno può modificare i marcatori epigenetici del feto, influenzando il suo sviluppo neurologico e fisico. Anche dopo la nascita, ogni esperienza vissuta lascia un'impronta epigenetica. Le nostre interazioni con il mondo, la dieta, l'attività fisica, il sonno e persino le emozioni possono attivare o disattivare determinati geni.

Un famoso esempio proviene dallo studio sui gemelli identici: pur condividendo lo stesso DNA, col tempo i loro marcatori epigenetici divergono, portando a differenze significative nell'aspetto, nella salute e persino nel comportamento. Questo dimostra che, sebbene i geni siano il nostro "potenziale", è l'ambiente a determinare come questo potenziale si manifesta.

Pensa al tuo DNA come un enorme libro di ricette. L'epigenetica non cambia la ricetta, ma può decidere quali ricette seguire e quali ignorare. E la cosa più straordinaria? Le tue decisioni quotidiane, quello che mangi, quanto dormi, quanto esercizio fai, possono influenzare queste decisioni epigenetiche!

E la vita sociale? Anche quella conta! Le interazioni sociali, come l'empatia, la condivisione, la cura, possono modificare i marcatori epigenetici e influenzare il modo in cui interagiamo con il mondo. Ogni risata condivisa, ogni abbraccio dato, ogni conversazione profonda, è un passo avanti nella scrittura della nostra storia genetica.

L'Epigenetica come vantaggio dell'intelligenza umana

L'epigenetica è una dimostrazione potente della nostra capacità di adattamento, evoluzione e trasformazione.

L'essere umano, grazie a questa flessibilità biologica, può rispondere al proprio ambiente in modo unico e dinamico.

Bruce Lipton, biologo cellulare e autore del celebre libro The Biology of Belief, spiega:

> *"La mente umana è come un laboratorio biologico vivente. Attraverso i nostri pensieri, emozioni e interazioni, possiamo letteralmente riscrivere i programmi del nostro corpo."*

È vero che l'intelligenza artificiale generativa, come i modelli di machine learning, "impara" e "adatta" le sue risposte grazie all'analisi di enormi quantità di dati e agli aggiornamenti dei suoi algoritmi. Questo processo può sembrare, in superficie, analogo al concetto di epigenetica, in cui un sistema risponde e si adatta all'ambiente. Ma c'è una distinzione chiave tra la flessibilità biologica dell'intelligenza umana e l'adattabilità tecnologica dell'IA. Esaminiamo più da vicino questa differenza per comprendere perché l'epigenetica continua a rappresentare un vantaggio unico dell'intelligenza umana.

L'intelligenza artificiale generativa, per quanto avanzata, opera attraverso un apprendimento supervisionato o non supervisionato. I suoi algoritmi vengono addestrati su grandi set di dati, apprendono schemi e producono risposte basate su questi schemi. Tuttavia, questo "apprendimento" non è autonomo nel senso profondo del termine: richiede sempre input esterni per aggiornare o modificare il modello.

L'essere umano, al contrario, possiede un sistema

autoadattativo intrinseco, modellato dall'epigenetica. La nostra capacità di cambiare non si limita a risposte comportamentali o cognitive, ma si estende al livello biologico. Il corpo umano può modificare processi fisici, chimici e genetici in risposta a esperienze uniche, che possono variare in modo significativo da persona a persona.

Immagina una persona che affronta un trauma significativo. A livello biologico, i marcatori epigenetici possono alterarsi per migliorare la capacità del corpo di resistere allo stress in futuro. Questa risposta non è semplicemente reattiva: include anche fattori emotivi, psicologici e sociali, che nessuna IA può replicare.

Un'alimentazione equilibrata può attivare geni protettivi e ridurre il rischio di malattie croniche. Ad esempio, una dieta ricca di verdure crucifere, come broccoli e cavoli, è nota per "accendere" geni che combattono il cancro.

Educazione e stimoli cognitivi: Studi hanno dimostrato che i bambini cresciuti in ambienti stimolanti, con accesso a libri, musica e interazioni sociali, sviluppano marcatori epigenetici che migliorano l'apprendimento e la memoria.

Un altro elemento essenziale che separa l'intelligenza umana dall'IA è la consapevolezza. Gli esseri umani non solo si adattano, ma lo fanno in modo intenzionale. Possiamo scegliere di cambiare i nostri comportamenti, coltivare nuovi schemi mentali o affrontare difficoltà con strategie creative che vanno oltre ciò che è già codificato nel nostro "sistema".

L'IA, invece, non possiede autonomia emotiva o intenzionalità. Anche quando modifica i suoi output o migliora le sue prestazioni, il processo rimane ancorato a regole prestabilite. Non è "consapevole" del suo apprendimento né capace di operare scelte etiche o emotive.

Quando un sistema di IA genera una risposta diversa in base a nuovi dati, lo fa perché è stato progettato per farlo. Quando una persona modifica il proprio comportamento (ad esempio, scegliendo di superare una paura), il processo coinvolge consapevolezza, esperienze soggettive e significato personale, elementi che l'IA non può replicare.

L'epigenetica non si limita all'adattamento fisico o biologico: è parte di un sistema più ampio che coinvolge corpo, mente, emozioni e cultura. Questo ci consente di affrontare situazioni complesse e inaspettate in modo creativo, spesso andando oltre i nostri limiti.

L'IA, per quanto sofisticata, è limitata a ciò che è stato programmato. Non può improvvisare in modo veramente innovativo al di fuori dei confini dei suoi dati. La creatività umana, d'altra parte, non è vincolata da set di regole: può trarre ispirazione da connessioni impreviste, intuizioni profonde e persino emozioni.

Un artista che dipinge un quadro o un genitore che affronta una situazione difficile con il proprio figlio utilizza una combinazione di emozioni, esperienza e intuizione. L'IA può generare arte o suggerimenti pratici, ma non può infondere significato personale o un senso di empatia profonda in ciò che crea.

Alla luce di questa riflessione, il vantaggio dell'intelligenza umana rispetto all'IA non è tanto nella capacità di adattarsi o imparare, ma nella profondità e complessità di quel cambiamento.
Gli esseri umani hanno la capacità unica di:

- Attribuire significato alle esperienze, trasformandole in saggezza e resilienza.
- Integrare emozioni, pensieri e intuizioni in una risposta o in una decisione.
- Creare connessioni nuove e originali che non esistono nei dati preesistenti.

Come scrive il biologo E.O. Wilson, autore di The Social Conquest of Earth:

"L'intelligenza umana non è solo una questione di calcolo o memoria, ma di connessione. È la capacità di vedere ciò che è nascosto e di immaginare ciò che non esiste ancora."

L'epigenetica rappresenta la prova vivente della nostra capacità di adattarci non solo ai cambiamenti dell'ambiente, ma anche a quelli che scegliamo di affrontare consapevolmente. L'intelligenza artificiale, per quanto generativa, è ancora priva della consapevolezza, della creatività e della complessità multidimensionale che caratterizzano l'essere umano.

L'epigenetica non riguarda solo ciò che siamo, ma ciò che possiamo diventare. È una celebrazione della nostra capacità di crescere, evolverci e rispondere al mondo in modi straordinari. In un'epoca di macchine sempre più intelligenti, ricordiamoci che il vero potere risiede nella nostra umanità, nella nostra flessibilità e nella nostra capacità di trasformazione.

La trasformazione personale si manifesta anche attraverso il corpo. Nello sport, la forza fisica e mentale si uniscono, creando un percorso unico di crescita e resilienza.

IL SUPERPOTERE DELLO SPORT

Cosa rende lo sport così speciale nella formazione umana? È più che movimento fisico: è un campo dove si forgiano valori, si impara a gestire le emozioni e a superare i limiti.

Lo sport non riguarda solo vincere o perdere, ma vivere esperienze che mettono in equilibrio corpo e mente, insegnandoci la resilienza e la connessione con gli altri. È una dimensione in cui le macchine, per quanto avanzate, non possono entrare: mancano di quella tensione interiore che spinge l'essere umano a dare il massimo, non solo per sé, ma anche per una squadra, per un sogno.

Lo sport ha da sempre rivestito un ruolo fondamentale nella vita dell'essere umano, influenzando profondamente lo sviluppo fisico, cognitivo ed emotivo sin dalla nascita. L'attività fisica non solo contribuisce al benessere corporeo, ma è strettamente legata al potenziamento delle capacità intellettive, evidenziando una connessione intrinseca tra movimento e intelligenza.

Lo sport nell'infanzia: fondamento dello sviluppo cognitivo

Nei primi anni di vita, il movimento è il principale mezzo attraverso il quale i bambini esplorano il mondo e acquisiscono nuove competenze. Attraverso il gioco e l'attività fisica, i piccoli sviluppano abilità motorie, sociali e cognitive. Secondo la teoria dell'acquisizione di abilità, gli sport che richiedono movimenti complessi influenzano positivamente i processi cognitivi, migliorando memoria, attenzione e capacità di risoluzione dei problemi.

Studi neuroscientifici hanno dimostrato che l'attività fisica regolare durante l'infanzia favorisce la crescita e la maturazione del sistema nervoso centrale. In particolare, l'esercizio fisico stimola la produzione del fattore neurotrofico derivato dal cervello (BDNF), una proteina che supporta la sopravvivenza dei neuroni e la plasticità cerebrale.

Lo sport nell'adolescenza: consolidamento delle capacità cognitive

L'adolescenza è una fase cruciale in cui l'attività fisica continua a svolgere un ruolo determinante nello sviluppo cognitivo. Durante questo periodo, il cervello subisce significativi cambiamenti strutturali e funzionali, con un aumento della densità della sostanza bianca, che supporta i processi di acquisizione e immagazzinamento delle informazioni.

La pratica sportiva regolare in adolescenza è

associata a miglioramenti nelle funzioni esecutive, quali pianificazione, attenzione sostenuta e memoria di lavoro. Uno studio condotto in Spagna ha evidenziato che gli studenti che praticano sport raggiungono risultati migliori in diverse discipline scolastiche, riportando una media accademica più alta rispetto ai coetanei sedentari.

Lo Sport in età adulta: mantenimento e potenziamento delle funzioni cognitive

Nell'età adulta, l'attività fisica continua a essere un elemento chiave per il mantenimento e il potenziamento delle capacità cognitive. L'esercizio regolare contribuisce a preservare la neuroplasticità, ovvero la capacità del cervello di adattarsi e riorganizzarsi in risposta a nuove esperienze. Inoltre, l'attività fisica favorisce la neurogenesi nell'ippocampo, area cerebrale cruciale per la memoria e l'apprendimento.

La ricerca ha dimostrato che l'esercizio aerobico migliora la funzione esecutiva e la memoria episodica negli adulti, riducendo il rischio di declino cognitivo legato all'età. Secondo uno studio pubblicato su "Frontiers in Psychology", l'attività fisica regolare è associata a una maggiore densità di materia grigia nella corteccia cerebrale, correlata a prestazioni cognitive superiori.

Meccanismi neurobiologici alla base dei benefici cognitivi dello Sport

I benefici cognitivi derivanti dalla pratica sportiva sono mediati da diversi meccanismi neurobiologici. L'attività fisica aumenta l'afflusso di sangue al cervello, migliorando l'ossigenazione e il nutrimento dei neuroni. Inoltre, stimola la produzione di neurotrasmettitori come la dopamina e la serotonina, che regolano l'umore e le funzioni cognitive.

Un altro meccanismo fondamentale è l'incremento del BDNF, che promuove la sopravvivenza neuronale e la plasticità sinaptica, facilitando l'apprendimento e la memoria. L'esercizio fisico favorisce anche la formazione di nuove sinapsi e la crescita di nuovi neuroni nell'ippocampo, processo noto come neurogenesi.

Implicazioni educative e sociali

Alla luce di queste evidenze, è fondamentale promuovere l'integrazione dello sport e dell'attività fisica nei programmi educativi fin dalla prima infanzia. Le scuole dovrebbero incoraggiare la partecipazione a diverse discipline sportive, offrendo opportunità per sviluppare sia le abilità motorie che cognitive. Inoltre, le famiglie svolgono un ruolo cruciale nel modellare le abitudini dei bambini, fornendo esempi positivi e supportando la pratica sportiva.

La promozione di uno stile di vita attivo ha anche implicazioni sociali significative. Lo sport favorisce l'inclusione, la cooperazione e il rispetto delle regole, contribuendo alla formazione di individui equilibrati e responsabili. Inoltre, l'attività fisica può essere un efficace strumento di prevenzione contro comportamenti a rischio e patologie legate alla sedentarietà.

Lo sport rappresenta un elemento centrale nello sviluppo e nel mantenimento dell'intelligenza umana.

Il Judo come via di crescita umana

Nella nostra società sempre più orientata verso la tecnologia, è fondamentale riscoprire il valore di pratiche e discipline che potenziano non solo il corpo ma anche la mente e lo spirito. Tra queste, il Judo rappresenta un esempio straordinario di come l'essere umano possa crescere attraverso un percorso integrato di apprendimento e sviluppo.

Contrariamente all'Intelligenza Artificiale, priva di corporeità e sensibilità emozionale, il Judo richiama l'importanza del contatto fisico, del confronto e della relazione umana, elementi chiave che rafforzano l'intelligenza umana in modo irripetibile.

Il Dojo è il luogo fisico e spirituale dove si pratica il Judo e altre arti marziali. In giapponese, il termine significa "luogo della via", indicando uno spazio dedicato non solo all'apprendimento tecnico, ma anche alla crescita personale, morale e spirituale. È un ambiente in cui si sviluppano rispetto, disciplina e autocontrollo, valori centrali per il Judo.

Nel Dojo, gli insegnanti (Sensei) guidano gli allievi attraverso l'esempio, creando un'atmosfera di mutua prosperità, amicizia e apprendimento reciproco. Più di una semplice palestra, il Dojo è un luogo di trasformazione e crescita, in cui corpo, mente e spirito lavorano in armonia.

La nascita dell'apprendimento: il ruolo del contatto fisico

Fin dalla nascita, il contatto fisico è il primo linguaggio attraverso il quale entriamo in relazione con il mondo. Le carezze di una madre, il modo in cui veniamo tenuti in braccio e rassicurati rappresentano i primi stimoli che ci aiutano a sviluppare fiducia e sicurezza. Analogamente, il Judo, attraverso il contatto diretto tra praticanti, educa a comunicare senza parole, rispettando l'altro non come un avversario da sconfiggere, ma come un partner con cui crescere insieme.

Come sottolineato da **Giuseppe Tribuzio**:

> *"Il contatto fisico nella pratica del Judo è la chiave di volta dell'intera costruzione pedagogica di Jigoro Kano, un linguaggio che parla al corpo e all'anima del praticante".*

Questa componente educativa del Judo è assente nell'IA, che non possiede un corpo né la capacità di creare legami attraverso la fisicità. L'IA, infatti, apprende attraverso dati e algoritmi, senza alcuna comprensione del significato umano di una stretta di mano o di un inchino, simboli di rispetto e umiltà propri del Judo.

Il confronto con sé stessi: una sfida interiore

Il Judo insegna che il vero combattimento non è contro l'altro, ma con sé stessi. Ogni caduta, ogni tecnica mancata, ogni paura da affrontare sono opportunità per migliorarsi. Questa idea è radicata nel principio di "miglior impiego dell'energia" (Seiryoku Zenyo), che invita il praticante a superare i propri limiti, evitando sprechi e concentrandosi sull'efficacia delle proprie azioni.

Un esempio emblematico è quello dei bambini che iniziano a praticare il Judo. Spesso insicuri e timorosi, imparano a cadere e rialzarsi, sviluppando nel tempo un senso di autostima e resilienza. Al contrario, l'IA, pur eccellendo nell'analisi dei dati, non può comprendere né affrontare la sfida emotiva del fallimento o il coraggio necessario per superare un ostacolo personale.

"Il vero combattimento che si intraprende è sempre e comunque con sé stessi, cercando di superare i momenti di timore, di paura, di vile rinuncia per mancanza di autostima".
(Giuseppe Tribuzio, "Judo, Educazione e Società")

Il Judo come educazione alla relazione

Nel Dojo, ogni incontro è un'esperienza educativa. Si impara a rispettare l'avversario, a leggere il suo linguaggio corporeo, a reagire alle sue mosse senza ferirlo. Questa educazione alla relazione è essenziale in una società che rischia di isolarsi dietro schermi e tecnologie. Il Judo ci ricorda che il corpo e il cuore sono strumenti insostituibili per entrare in connessione con gli altri.

In questo, l'intelligenza umana dimostra la sua superiorità rispetto all'IA. Sebbene un algoritmo possa analizzare una conversazione o prevedere comportamenti, non può instaurare una relazione autentica o comprendere le sfumature emozionali di un gesto umano.

L'intelligenza motoria: un patrimonio umano

unico

Un altro aspetto fondamentale del Judo è lo sviluppo di un'intelligenza motoria avanzata. Ogni tecnica richiede precisione, coordinazione e bilanciamento, elementi che si sviluppano con la pratica costante.

Come osserva il Prof. **Daniele Guerra**, maestro di Judo:

> *"Dal punto di vista strettamente motorio, il Judo è una delle attività più simmetriche che esistano, aiutando lo sviluppo armonico di corpo e mente".*

Questa intelligenza motoria non è solo fisica, ma si collega a una comprensione dello spazio, del tempo e delle dinamiche relazionali. L'IA, pur eccellendo nella logica e nel calcolo, non può comprendere cosa significhi provare fisicamente il disequilibrio o il piacere di una tecnica eseguita con eleganza.

La pedagogia del Judo: cuore, mente e corpo

Nel Judo, mente, cuore e corpo lavorano insieme in armonia. Il praticante è guidato non solo da obiettivi tecnici, ma da un codice etico che include umiltà, sincerità e rispetto.
Come sottolinea il Dott. **Marcello Bernardi**:

> *"Il Judo non si pratica per essere più forti, per ambizione o per lucro, ma perché lo si ama. Questa pratica restituisce l'uomo a sé stesso".*

Questo approccio educativo olistico contrasta con il funzionamento dell'IA, che separa rigidamente le competenze senza un'integrazione organica. L'IA può calcolare, apprendere e persino imitare comportamenti, ma non può vivere l'esperienza umana nella sua totalità.

Un esempio concreto del potere educativo del Judo è quello dei bambini con difficoltà comportamentali che trovano nella pratica una via per canalizzare la loro aggressività. Nel Dojo, imparano che la forza non è un mezzo per sopraffare, ma per costruire relazioni di mutuo rispetto. Questo tipo di insegnamento non può essere replicato da un'IA, che non ha la capacità di creare empatia o di adattarsi alle necessità emotive di un individuo.

Allo stesso modo, adulti che si avvicinano al Judo per ragioni di fitness scoprono una dimensione più profonda, fatta di introspezione e miglioramento personale. Questi percorsi di crescita, che coinvolgono corpo, mente e spirito, sono un patrimonio esclusivo dell'intelligenza umana.

Il Judo è molto più di uno sport o una disciplina marziale: è una via per riscoprire l'essenza dell'essere umano. Attraverso il contatto fisico, la relazione e il confronto con sé stessi, il Judo incarna qualità che l'IA non può replicare, come l'empatia, la resilienza e l'integrazione olistica di mente e corpo.

In un mondo sempre più dominato dalla tecnologia, il Judo rappresenta un antidoto, un richiamo alla nostra natura umana e alle nostre capacità uniche.

> *"Il Judo è una via che conduce solo verso un miglioramento dell'uomo e della condizione umana. È un'educazione all'amore e alla libertà".*

(Marcello Bernardi, "Cuore, mente, corpo")

Così come lo sport forma il carattere, l'educazione plasma il pensiero. È attraverso l'apprendimento che costruiamo le fondamenta per affrontare il mondo con consapevolezza e creatività.

IL SUPERPOTERE DELL'EDUCAZIONE

L'educazione è la chiave che apre le porte del futuro. Non si tratta solo di trasmettere conoscenze, ma di formare individui capaci di pensare, scegliere e trasformare il mondo intorno a loro. Ma cosa distingue l'educazione umana da qualsiasi altra forma di apprendimento?

Mentre l'intelligenza artificiale può accumulare dati e replicare modelli, l'educazione è un processo profondamente relazionale e creativo. È un dialogo che non si limita alla conoscenza, ma coltiva la curiosità, il pensiero critico e la capacità di immaginare nuove possibilità.

A differenza dell'IA, progettata per apprendere solo secondo parametri predefiniti e in ambienti strutturati, gli esseri umani sono naturalmente predisposti a un apprendimento che non ha confini, né temporali né spaziali. Questo rende l'educazione un potente vantaggio dell'intelligenza umana.

L'educazione dalla nascita: un'inclinazione

naturale

Gli esseri umani abbiamo già detto che iniziano a imparare prima ancora di nascere. Studi scientifici dimostrano che i neonati reagiscono ai suoni mentre sono ancora nel grembo materno, mostrando una primissima forma di apprendimento sensoriale. Da quel momento, ogni interazione, ogni esperienza e ogni stimolo contribuiscono a modellare il loro cervello. Questo apprendimento implicito è qualcosa che nemmeno l'IA più avanzata può replicare nella sua profondità.

Ad esempio, un bambino che osserva un genitore parlare con un tono rassicurante non solo impara il significato delle parole, ma anche le emozioni che le accompagnano. Questo apprendimento è olistico e non si limita a trasferire dati: incorpora empatia, contesto e connessione, aspetti che l'IA, per quanto sofisticata, non può assimilare.

L'apprendimento formale e informale

Con la crescita, l'educazione diventa un mix di apprendimento formale e informale. L'apprendimento formale, che avviene in scuole, università e corsi, struttura le basi teoriche e tecniche delle conoscenze. L'apprendimento informale, fatto di esperienze quotidiane, conversazioni, viaggi, letture, dove si manifesta la resilienza cognitiva dell'intelligenza umana.

Un adulto, ad esempio, può imparare a utilizzare una nuova tecnologia sul lavoro o scoprire una passione per la cucina attraverso un video online. Questi momenti di apprendimento non pianificati ampliano il potenziale umano e rafforzano la capacità di adattarsi a contesti sempre nuovi, qualcosa che le macchine fanno solo con grandi limitazioni.

La visione di Isaac Asimov sull'educazione continua

L'idea che

> *"l'educazione non è qualcosa che puoi portare a termine"*
> *- Isaac Asimov*

rappresenta una verità intrinseca dell'esperienza umana. Non c'è un punto in cui possiamo dire di aver imparato tutto ciò che c'è da sapere. La conoscenza è infinita, così come le opportunità per accrescerla.

> *"Un essere umano dovrebbe essere in grado di cambiare un pannolino, pianificare un'invasione, macellare un maiale, comandare una nave, progettare un edificio, scrivere un sonetto, bilanciare i conti, costruire un muro, curare una ferita, confortare un morente. La specializzazione è per gli insetti."*
> *– Robert Heinlein*

Questa citazione di Heinlein riassume splendidamente l'importanza dell'apprendimento versatile e della capacità di affrontare un'ampia varietà di compiti. L'IA, al contrario, è per sua natura specializzata: un algoritmo progettato per riconoscere immagini non sarà capace di scrivere un saggio filosofico, se non attraverso una specifica programmazione che lo renda competente in entrambi i campi.

Isaac Asimov ha spesso esplorato il tema dell'intelligenza

artificiale e del suo potenziale impatto sull'educazione nei suoi saggi, articoli e interviste. Una delle occasioni più significative in cui ha discusso questa visione è stato nell'articolo "The New Learning Society", pubblicato nel 1988 su The New York Times.

In questo saggio, Asimov descrisse il suo entusiasmo per la possibilità che i computer e le tecnologie emergenti potessero **democratizzare** l'apprendimento, rendendolo accessibile a chiunque e personalizzato secondo le esigenze di ciascun individuo.

Asimov immaginava un futuro in cui la tecnologia, inclusa l'IA, avrebbe trasformato radicalmente il modo in cui apprendiamo:

- Apprendimento personalizzato: ogni persona avrebbe avuto accesso a un computer o a un sistema intelligente in grado di fornire risposte alle proprie domande, adattandosi al ritmo e agli interessi specifici di ciascun utente.
- Educazione per tutti: l'educazione sarebbe stata resa accessibile anche alle persone che non potevano permettersi scuole tradizionali o che vivevano in aree remote.
- Curiosità come guida: contrariamente all'approccio rigido delle scuole tradizionali, Asimov sognava un sistema educativo che stimolasse la curiosità individuale, permettendo agli studenti di seguire i propri interessi.

In un'intervista del 1988 con Bill Moyers, Asimov elaborò ulteriormente questa idea, affermando che i computer avrebbero potuto fornire una forma di tutoraggio personale, simile a quello che uno studente potrebbe

ricevere da un insegnante dedicato.
Disse:

> *"Se avessi un computer, che fosse in grado di rispondere a qualsiasi domanda e che potesse mostrarmi come procedere, allora potrei imparare in modo mirato ciò che voglio sapere, al mio ritmo e senza essere giudicato."*

Questa idea di Asimov era rivoluzionaria per l'epoca, poiché anticipava molti degli sviluppi che oggi vediamo realizzati attraverso l'IA e le piattaforme di apprendimento digitale. Strumenti come tutor virtuali, corsi online personalizzati e app educative incarnano questa visione.

Tuttavia, Asimov aveva anche una profonda consapevolezza dei limiti tecnologici. Egli riteneva che la tecnologia fosse solo un mezzo per migliorare l'educazione, ma che il cuore del processo educativo dovesse rimanere umano: la curiosità, il desiderio di apprendere e l'interazione sociale.

Questa visione, ancora oggi, ispira il dibattito su come l'intelligenza artificiale possa essere utilizzata come strumento per potenziare l'educazione senza sostituire il ruolo fondamentale degli insegnanti e delle relazioni umane.

L'educazione come stile di vita

Considerare l'educazione come un processo infinito implica abbracciare una mentalità aperta e curiosa.

Significa:

- Riconoscere che nessuno sa tutto.
- Accettare l'idea di essere costantemente in evoluzione.
- Apprezzare il valore della diversità di prospettive e culture.

La curiosità umana come motore dell'educazione

La curiosità, definita da Albert Einstein come "il motore di ogni progresso", è una forza trainante nell'apprendimento umano. Le persone imparano non solo per necessità, ma anche per il semplice piacere di scoprire qualcosa di nuovo. Questo desiderio innato di esplorare e comprendere il mondo è un elemento chiave che l'IA non possiede. Mentre i sistemi di intelligenza artificiale elaborano dati per risolvere problemi, non provano il desiderio di conoscere per il gusto di farlo.

Ad esempio, un bambino che smonta un giocattolo per vedere come funziona dimostra un tipo di apprendimento che non è finalizzato a uno scopo pratico immediato, ma che sviluppa il pensiero critico e la creatività. Questa capacità di apprendere per curiosità è ciò che permette agli esseri umani di innovare e reinventarsi continuamente.

L'apprendimento come resilienza

In un mondo in costante cambiamento, la capacità umana di apprendere continuamente si traduce in resilienza. Gli esseri umani possono adattarsi a nuove situazioni, acquisire competenze mai immaginate prima e reinventarsi in risposta alle circostanze. L'IA, invece, ha bisogno di essere riprogrammata o addestrata con nuovi dati per affrontare cambiamenti significativi.

Un esempio concreto è la pandemia di COVID-19, durante la quale milioni di persone hanno imparato rapidamente a lavorare da casa, a utilizzare strumenti digitali e a navigare in un nuovo contesto sociale. Questo cambiamento non è stato imposto da un algoritmo, ma è stato il risultato dell'ingegno e dell'adattabilità umana.

Il futuro dell'educazione continua

Nel futuro, l'educazione continua non sarà solo un'opportunità, ma una necessità. Con l'avvento dell'intelligenza artificiale e delle tecnologie emergenti, le persone dovranno sviluppare competenze uniche che le distinguano dalle macchine, come il pensiero critico, la creatività e l'intelligenza emotiva.

Mentre l'IA può assisterci nell'acquisizione di nuove conoscenze, per esempio attraverso strumenti di apprendimento personalizzato, il ruolo dell'essere umano come eterno studente e innovatore rimarrà insostituibile. L'educazione non è solo una questione di acquisire informazioni, ma di dare senso a quelle informazioni, di trasformarle in comprensione e in saggezza.

L'educazione come processo continuo è il cuore dell'intelligenza umana. È ciò che ci permette di evolvere, adattarci e prosperare in un mondo complesso. In questo, l'essere umano ha un vantaggio intrinseco rispetto all'intelligenza artificiale: la capacità di apprendere non ha limiti, né imposti dalla biologia né dalla programmazione. Questa qualità, alimentata dalla curiosità e dalla resilienza, garantisce che l'umanità continuerà a crescere e a innovare, qualunque sia la sfida.

L'educazione ci dà gli strumenti, ma il vero potere sta nel saper scegliere come usarli. Lo studio non è solo un mezzo, ma un viaggio per scoprire chi siamo e chi vogliamo diventare.

A COSA SERVE STUDIARE

A cosa serve davvero studiare? È una domanda che molti si pongono, a volte con curiosità, altre volte con scetticismo. La risposta più semplice potrebbe essere: per sapere di più. Ma è solo una parte della verità. Studiare non è solo accumulare nozioni o prepararsi a un futuro professionale.

Studiare serve soprattutto per diventare di più: per crescere come persone, per scoprire il nostro potenziale e per ampliare i nostri orizzonti.

È un viaggio di trasformazione che ci permette di guardare oltre il presente, di comprendere il mondo e di dare forma a ciò che vogliamo essere. Nessuna macchina, per quanto avanzata, può intraprendere questo viaggio al posto nostro, perché studiare è un'esperienza profondamente umana, fatta di passione, fatica e crescita personale.

Scegliere cosa studiare non è solo una decisione pratica, ma un passo fondamentale nella costruzione della propria identità. Come possiamo guidare i giovani in un percorso che non riguarda solo il lavoro futuro, ma anche la realizzazione personale?

Sin dalla nascita, ogni individuo intraprende un viaggio di apprendimento che, passo dopo passo, forma la base della propria identità e del proprio futuro. Anche i gesti più semplici come un bambino che osserva un oggetto, che imita un adulto, che esplora il mondo, sono atti di studio. La parola stessa, proveniente dal latino studium, significa "desiderio, passione per la conoscenza", e racchiude il cuore di ciò che lo studio rappresenta: non solo un processo di apprendimento strutturato, ma un continuo viaggio di scoperta che ci accompagna per tutta la vita.

In questo capitolo esploreremo due dimensioni fondamentali dello studio: il suo ruolo nello sviluppo personale e nella formazione di una coscienza critica, e la sfida rappresentata dall'ingresso dell'intelligenza artificiale nel processo educativo, con particolare attenzione alla libertà di scelta nei percorsi di studi.

Lo studio come viaggio interiore

Il percorso di apprendimento inizia ben prima dell'ingresso nella scuola. I bambini manifestano naturalmente inclinazioni e preferenze che gettano le basi delle loro future passioni. I giochi, gli hobby, la curiosità verso certi oggetti o esperienze: ogni dettaglio è un indizio prezioso che rivela le attitudini personali. Questo momento di scoperta spontanea si confronta ben presto con un sistema educativo che tende a standardizzare le esperienze e categorizzare le inclinazioni.

La scuola, con le sue materie e i suoi metodi, diventa una palestra per l'apprendimento formale, indispensabile per fornire strumenti di base come la lettura, la scrittura e il calcolo. Ma non tutte le potenzialità individuali trovano piena espressione in questo contesto. Lo studio, per come è concepito nelle istituzioni tradizionali, rischia talvolta di trascurare le specificità e le unicità degli studenti. È qui che il ruolo dei genitori, degli insegnanti e della società diventa cruciale:

sostenere i giovani affinché possano esplorare liberamente le proprie passioni, senza sentirsi incasellati.

La scuola è come un grande viaggio, ogni materia è una finestra su un diverso panorama: la storia ci porta indietro nel tempo, facendoci vivere gli eventi che hanno plasmato il nostro mondo; la matematica è la lingua dell'universo, che ci svela i segreti nascosti dietro ogni angolo della realtà; le scienze ci insegnano a comprendere e rispettare la natura e i suoi delicati equilibri; la letteratura, l'antologia, la filosofia ci portano in viaggi immaginari, ci fanno vivere emozioni e esperienze attraverso gli occhi di altri e ci permettono di esplorare epoche, culture e idee diverse; la grammatica non è solo un insieme di regole per parlare o scrivere correttamente, è lo strumento che ci permette di esprimere chiaramente i nostri pensieri e sentimenti, di persuadere, informare e intrattenere, ecc...

Ogni lezione a scuola è un tassello che si aggiunge al mosaico della nostra formazione. Studiare permette di sviluppare un pensiero critico, di formare un'opinione propria e di imparare a comunicarla efficacemente.

Ogni giorno passato a scuola è un'opportunità per crescere, per imparare qualcosa di nuovo, e per avvicinarsi un passo in più verso la persona che sogni di diventare.

Quando arriva il momento di scegliere un percorso di studi, ogni studente si trova di fronte a una decisione che influenzerà profondamente il suo futuro. Questo non riguarda solo la carriera professionale, ma anche lo sviluppo personale e il contributo che darà alla società.

In un'epoca in cui l'intelligenza artificiale è sempre più presente, questa scelta diventa ancora più complessa. Gli algoritmi predittivi, infatti, vengono spesso utilizzati per analizzare le performance scolastiche e suggerire percorsi formativi basati su capacità e inclinazioni. Tali strumenti possono ridurre i tassi di abbandono scolastico e massimizzare il potenziale degli studenti, ma presentano anche rischi significativi.

Il principale pericolo dell'intelligenza artificiale nelle decisioni educative è il **rischio di standardizzazione**. Un algoritmo può identificare che uno studente è particolarmente portato per le scienze, ma potrebbe non considerare altre sfumature del suo talento, come una passione nascosta per l'arte o una capacità di comunicazione straordinaria. Questo rischio di categorizzazione è ben evidenziato dalla teoria della profezia autoavverante: se un sistema suggerisce un certo percorso, insegnanti e genitori potrebbero incoraggiare inconsapevolmente il giovane solo in quella direzione, limitandone l'esplorazione.

Per evitare che le tecnologie limitino la libertà di scelta, è essenziale promuovere la consapevolezza personale tra gli studenti. Solo attraverso l'autodeterminazione e l'esplorazione libera si può sviluppare una vera comprensione di sé stessi. Alcuni sistemi educativi, come quello finlandese, offrono un esempio interessante: agli studenti viene data la possibilità di esplorare una vasta gamma di discipline prima di scegliere una specializzazione. Questo approccio enfatizza l'importanza della sperimentazione e dell'apprendimento per scoperta.

La storia di figure come Steve Jobs e J.K. Rowling dimostra l'importanza di percorrere strade alternative. Jobs, ad esempio, lasciò il college per seguire un corso di calligrafia, un interesse che sembrava irrilevante ma che influenzò il design del Macintosh. Rowling, invece, sfidò le aspettative sociali e seguì la sua passione per la scrittura, creando un'opera che ha ispirato milioni di persone.

L'intelligenza artificiale non deve essere demonizzata, ma integrata con consapevolezza. Essa può essere uno strumento per evidenziare abilità nascoste e suggerire percorsi alternativi, ma non deve mai sostituire la complessità della riflessione umana. La scelta del percorso di studi non può essere ridotta a una serie di dati: deve rimanere un processo profondamente umano, ricco di dubbi, scoperte e svolte inaspettate.

Le scelte educative diventano ancora più cruciali in un'epoca in cui l'IA entra nelle scuole. Come possiamo integrare la tecnologia senza perdere la dimensione umana dell'educazione?

L'IA NELLA SCUOLA: UNA NUOVA ERA EDUCATIVA

L'intelligenza artificiale sta entrando anche nelle aule scolastiche, promettendo di rivoluzionare il modo in cui insegniamo e impariamo. Questa trasformazione porta con sé grandi opportunità, ma anche interrogativi profondi sul ruolo centrale dell'essere umano nell'educazione.

L'IA può personalizzare l'apprendimento, ampliare l'accesso alla conoscenza e offrire strumenti innovativi per insegnanti e studenti. Al tempo stesso, esiste il rischio che il processo educativo perda il suo carattere relazionale e umano. Il vero obiettivo è costruire un'alleanza tra tecnologia e insegnanti, dove l'IA non sostituisca mai la dimensione emotiva e creativa del rapporto educativo.

L'Intelligenza Artificiale Generativa (GenAI) rappresenta una delle più grandi rivoluzioni della storia educativa. La capacità della GenAI di elaborare dati complessi, creare contenuti su misura e adattarsi alle esigenze dell'utente offre opportunità senza precedenti per studenti, insegnanti e decisori. Mai come oggi, questa trasformazione tecnologica pone interrogativi fondamentali: come possiamo sfruttare il potenziale della GenAI preservando il valore unico dell'intelligenza umana? La risposta risiede nell'osservanza di semplici regole di utilizzo che enfatizzano le capacità umane superiori come il giudizio critico, l'empatia e la creatività.

Il ruolo della GenAI per gli studenti

Gli studenti si trovano al centro di questa rivoluzione, beneficiando di strumenti che personalizzano l'apprendimento e rendono più coinvolgente lo studio.

1. Personalizzazione del Percorso Educativo

Grazie alla GenAI, gli studenti possono accedere a contenuti adattati al loro ritmo e livello di comprensione. Ad esempio: Tutor virtuali che offrono esercizi su misura per migliorare la comprensione linguistica. Strumenti che permettono di esplorare problemi matematici complessi con spiegazioni dettagliate. Questi strumenti non solo accelerano l'apprendimento ma sviluppano anche la capacità di autonomia. La necessità di verificare la correttezza delle informazioni fornite dalla GenAI spinge gli studenti a sviluppare anche il pensiero critico.

2. Creatività e Interdisciplinarità

La GenAI incoraggia la creatività, aprendo nuovi orizzonti interdisciplinari. Ad esempio: gli studenti possono utilizzare piattaforme di generazione musicale per creare colonne sonore per progetti multimediali. Chatbot intelligenti simulano dialoghi storici, rendendo lo studio della storia più immersivo e interattivo.

"La creatività non è ciò che una macchina può offrire, ma ciò che una mente umana può estrarre dall'incontro con una macchina."
– Sebastian Thrun, esperto di Intelligenza Artificiale.

3. Sviluppo delle Competenze Umane

Oltre alla conoscenza accademica, la GenAI può essere utilizzata per simulare scenari di vita reale, aiutando gli studenti a sviluppare: competenze sociali attraverso giochi di ruolo digitali. Empatia grazie all'interazione con chatbot progettati per esplorare diverse prospettive. La chiave del successo è l'abilità umana di riflettere e imparare da queste interazioni, una capacità che la GenAI non possiede.

Il ruolo della GenAI per insegnanti e decisori

Gli insegnanti e i decisori scolastici hanno l'opportunità di utilizzare la GenAI per migliorare la qualità dell'istruzione, senza sacrificare l'importanza delle relazioni umane.

1. Ottimizzazione della Didattica

La GenAI può svolgere compiti ripetitivi, liberando tempo per attività più strategiche e relazionali: creazione automatica di test personalizzati. Analisi dei progressi degli studenti con feedback immediati. Un esempio pratico è l'uso di piattaforme come Grammarly, che permette agli insegnanti di correggere i testi più velocemente, dedicando più tempo al mentoring individuale.

2. Innovazione Didattica

La GenAI supporta lo sviluppo di approcci didattici innovativi: creazione di unità di apprendimento interdisciplinari basate su dati reali. Progettazione di lezioni immersive, ad esempio con simulatori di realtà aumentata. Gli insegnanti diventano così facilitatori del processo educativo, lasciando che la tecnologia svolga il ruolo di assistente, senza mai sostituire la loro intelligenza emotiva e il loro giudizio professionale.

3. Strumenti per la Governance Educativa

Per i dirigenti scolastici, la GenAI offre strumenti per: gestire risorse e pianificare attività in modo più efficiente. Monitorare il benessere degli studenti attraverso l'analisi di pattern comportamentali. Queste funzionalità migliorano la capacità decisionale, ma richiedono sempre un controllo umano per evitare errori o bias algoritmici.

Il valore delle regole: la superiorità dell'intelligenza umana

La GenAI, per quanto avanzata, è priva di intenzionalità, giudizio morale e autonomia creativa. L'osservanza di alcune regole di utilizzo consapevole può trasformare questi limiti in punti di forza per l'intelligenza umana.

1. Verifica delle Informazioni

Gli studenti devono imparare a verificare i dati forniti dalla GenAI, sviluppando capacità di discernimento critico. Questo esercizio rafforza il loro pensiero analitico, una competenza esclusivamente umana.

2. Uso Etico e Responsabile

Gli insegnanti devono promuovere un uso etico della GenAI, evitando abusi o scorciatoie. Ad esempio, insegnare a citare le fonti generate da un chatbot incoraggia la responsabilità intellettuale.

"L'etica è ciò che distingue l'uso intelligente dell'intelligenza artificiale dall'abuso di essa."
– Ginni Rometty, ex CEO di IBM.

3. Complementarità Uomo-Macchina

La GenAI deve essere vista come un supporto e non un sostituto. L'interazione uomo-macchina funziona meglio quando gli esseri umani assumono il ruolo di guida, sfruttando il potenziale tecnologico per ampliare le proprie capacità.

Esempi pratici: GenAI nella vita scolastica

Progetti di gruppo multidisciplinari

Gli studenti possono collaborare utilizzando strumenti di GenAI per creare presentazioni che combinano arte, scienza e tecnologia. Il coordinamento e il senso critico del gruppo restano fondamentali per il successo del progetto.

Dibattiti basati su IA

Organizzare dibattiti in cui la GenAI rappresenta una delle parti, costringendo gli studenti a confutare argomentazioni generate dalla macchina. Questo esercizio rafforza le loro capacità argomentative e il pensiero critico.

L'integrazione della GenAI nella scuola non è una scelta tra tecnologia e umanità, ma una sintesi di entrambe. La tecnologia può amplificare l'apprendimento, ma il giudizio critico umano, la creatività e l'empatia restano insostituibili.

"Il successo dell'educazione nell'era dell'IA dipende dalla nostra capacità di combinare ciò che le macchine fanno meglio con ciò che solo gli esseri umani possono offrire."
– Alan Kay, informatico e innovatore.

Adottare la GenAI con consapevolezza e rispetto per le regole significa preparare studenti e insegnanti a prosperare in un mondo in continua evoluzione, dove la tecnologia arricchisce, ma non definisce, l'intelligenza umana.

L'IA può supportare l'apprendimento, ma costruire competenze significa molto di più. Significa formare persone capaci di affrontare il futuro con pensiero critico, creatività e resilienza.

COSTRUIRE COMPETENZE PER IL FUTURO

La creazione di capacità è un elemento centrale della nostra esistenza, il fondamento stesso che ci consente di evolvere, apprendere e adattarci. Questo processo, che inizia sin dalla nascita, non solo definisce ciò che possiamo diventare, ma ci distingue anche in modo netto dall'intelligenza artificiale. L'essere umano non è una macchina che elabora informazioni; è un creatore di possibilità, un costruttore di sé e del mondo circostante.

Per genitori, insegnanti e coloro che guidano il futuro delle generazioni, comprendere e coltivare questa capacità significa assumere un ruolo di responsabilità, ma anche riconoscere il privilegio di partecipare a uno dei processi più straordinari della vita.

La parola "capacità" deriva dal latino "capacitas", che significa "ampiezza" o "abilità di contenere". Questa etimologia riflette una caratteristica fondamentale dell'essere umano: il potenziale di crescere, adattarsi e creare nuovi significati. Quando un bambino nasce, porta con sé un insieme di possibilità non ancora definite, pronte a essere plasmate dalle esperienze, dall'educazione e dalle relazioni.

Sin dai primi giorni di vita, i bambini cominciano a creare capacità attraverso l'esplorazione dell'ambiente. Ogni movimento, ogni suono, ogni sorriso è una manifestazione di questa straordinaria tendenza verso la crescita. I genitori e gli insegnanti, che osservano e guidano questi primi passi, sono gli artefici silenziosi di un processo che getta le basi per tutta la vita futura.

Creazione di capacità: una responsabilità condivisa

Come ha evidenziato il filosofo Amartya Sen, lo sviluppo umano è inseparabile dalla creazione di capacità:

> *«Il progresso umano non si misura solo dalla ricchezza materiale, ma dalla libertà di condurre la vita che si ha motivo di valorizzare» (Development as Freedom, 1999).*

Questo richiamo alla libertà ci ricorda che le capacità non sono innate, ma possono essere coltivate, e che ogni individuo ha bisogno di un ambiente che favorisca questa crescita.

- Per i genitori: ogni bambino è unico, ma ha bisogno di un terreno fertile per crescere. Le capacità si creano non attraverso imposizioni rigide, ma attraverso il dialogo, la scoperta e l'attenzione ai talenti individuali. La curiosità, ad esempio, può essere alimentata semplicemente rispondendo alle domande di un bambino con serietà e incoraggiando il suo desiderio di esplorare.

- Per gli insegnanti: la classe è un laboratorio di capacità. Insegnare non è solo trasferire informazioni, ma anche coltivare competenze che vanno oltre i libri di testo: il pensiero critico, la capacità di lavorare in squadra, l'empatia. Ogni attività scolastica può essere un'opportunità per aprire nuove porte nella mente degli studenti.

La creazione di capacità è intrinsecamente legata all'intelligenza. L'intelligenza umana non è statica, ma un processo dinamico che evolve man mano che sviluppiamo nuove competenze. Imparare una lingua, ad esempio, non è solo una conquista isolata; è un trampolino verso nuove possibilità: capire altre culture, accedere a nuovi saperi, costruire relazioni oltre i confini geografici.

Questo processo generativo contrasta nettamente con l'intelligenza artificiale, che, per quanto sofisticata, rimane legata ai confini di ciò che è programmata per fare. Gli esseri umani, invece, non solo apprendono, ma creano nuovi modi di apprendere. Un bambino che impara a leggere non si limita a decifrare simboli, ma sviluppa un'intera gamma di capacità: immaginazione, comprensione critica, abilità di riflessione.

Capacità e libertà

La creazione di capacità non si limita alla crescita individuale; è anche un atto di liberazione. Martha Nussbaum, filosofa e teorica della giustizia sociale, sottolinea che

«la vera libertà è avere la possibilità di scegliere tra opzioni che hanno valore».

Questo significa che, oltre a sviluppare capacità, genitori e insegnanti devono rimuovere gli ostacoli che limitano le possibilità dei giovani.

Un bambino che cresce in un ambiente povero di stimoli o in un contesto di rigidità educativa può sviluppare capacità adattive come l'astuzia, ma rischia di non esplorare tutto il suo potenziale. Al contrario, un ambiente ricco di opportunità, non necessariamente materiali, ma relazionali e culturali, offre la libertà di scoprire chi si vuole essere.

«Non esiste apprendimento senza libertà di sbagliare, esplorare e scoprire» – Martha Nussbaum.

Un esempio pratico: il potere del gioco

Prendiamo il gioco come esempio di creazione di capacità. Apparentemente semplice, il gioco rappresenta un potente laboratorio per sviluppare competenze cognitive, sociali ed emotive. Un bambino che gioca impara a risolvere problemi, a collaborare con gli altri, a gestire le emozioni. Perché questo accada, però, è necessario che gli adulti riconoscano il valore del gioco non come un passatempo, ma come una forma di apprendimento fondamentale.

- Genitori: lasciare spazio al gioco libero, senza

iperstrutturare il tempo del bambino, permette di sviluppare creatività e autonomia.
- Insegnanti: integrare attività ludiche nella didattica stimola l'apprendimento attivo e rende gli studenti protagonisti del loro processo educativo.

La creazione di capacità è ciò che ci distingue dall'intelligenza artificiale. Le macchine possono eseguire compiti specifici con precisione e velocità, ma non possono generare nuove capacità o costruire significati che vadano oltre il loro programma. Un'IA può analizzare dati, ma non può decidere di imparare a suonare il pianoforte solo perché spinta dall'amore per la musica.

Gli esseri umani, invece, sono dotati di intenzionalità. Un giovane può decidere di imparare a disegnare non per guadagnare denaro, ma per esprimere se stesso. Questa libertà di scegliere e creare, spesso alimentata da genitori e insegnanti che credono nelle possibilità infinite della mente umana, è ciò che rende l'intelligenza umana unica e ineguagliabile.

Coltivare capacità, coltivare umanità

Il cervello umano è un organo complesso e straordinario, capace di processare enormi quantità di informazioni e di adattarsi continuamente alle sfide dell'ambiente, ma ha anche i suoi limiti e paradossi. Uno dei concetti più potenti e, al tempo stesso, meno intuitivi riguarda la sua difficoltà nel comprendere il "non". Dire "non fare qualcosa" è spesso inefficace: il cervello tende a rappresentare mentalmente proprio ciò che dovrebbe ignorare.

Prova un piccolo esperimento: pensa a qualsiasi cosa eccetto un elefante. Ti ritrovi quasi immediatamente a visualizzare proprio un elefante, giusto? Questo accade perché, come osserva la neurolinguista americana Lisa Feldman Barrett, "il cervello è una macchina di previsione": per comprendere qualsiasi affermazione, deve costruire un'immagine mentale di ciò che gli viene detto, e nel caso di una negazione, è costretto a "vedere" ciò che gli viene chiesto di ignorare.

> *"Il nostro cervello crea costantemente una rappresentazione del mondo, e per farlo si affida a schemi predefiniti. Quando cerchiamo di negare qualcosa, finiamo per evocarla inconsciamente proprio nel tentativo di evitarla."*
> — *Lisa Feldman Barrett*

Questa caratteristica del nostro cervello trova applicazione pratica in molti contesti quotidiani, dalla comunicazione all'educazione, fino alla crescita personale. Pensiamo per esempio ai bambini: anziché dire "non correre in casa", è molto più efficace dire "cammina lentamente". Questo cambiamento di prospettiva non è solo un trucchetto linguistico, ma una strategia che guida il comportamento in modo positivo, evitando di creare confusione e offrendo una direzione chiara su cosa fare.

Anche nel mondo professionale, questa distinzione è fondamentale. Se un manager vuole evitare che il proprio team commetta un errore, può cadere nella trappola di indicare tutti i modi in cui non vuole che i progetti vengano sviluppati. Tuttavia, come scrive Peter Drucker, noto esperto di management, è più saggio orientarsi su obiettivi chiari e positivi: "Le persone hanno bisogno di sapere cosa si aspettano da loro, non cosa devono evitare". Dire "non sbagliare" crea insicurezza, mentre dire "puntiamo a superare gli standard di qualità" fornisce una visione positiva e ambiziosa.

> *"Il compito del leader è creare una visione condivisa, un traguardo positivo. Solo così le persone possono dare il meglio di sé, superando la paura di sbagliare."*
> — *Peter Drucker*

Pensiamo ora agli sport. Nel tiro con l'arco, per esempio, concentrare l'attenzione sull'idea di "non mancare il bersaglio" è un errore che può compromettere la precisione, mentre puntare direttamente al centro del bersaglio aiuta a focalizzare il tiro. È lo stesso meccanismo che ritroviamo in molti sport di precisione, dove il pensiero positivo e diretto sul "fare centro" porta risultati migliori rispetto al pensiero di evitare l'errore.

La psicologia cognitiva ha ampiamente studiato l'impatto del linguaggio positivo sulla performance. Daniel Wegner, uno dei pionieri della psicologia sperimentale, ha scoperto che tentare di sopprimere un pensiero porta a un fenomeno chiamato "effetto rimbalzo". Più ci sforziamo di non pensare a qualcosa, più quella cosa tende a ripresentarsi nella nostra mente. La sua ricerca ha dimostrato come le persone che cercavano di evitare pensieri specifici finivano spesso per fissarsi su di essi, trovandosi bloccate in un ciclo di ansia e frustrazione.

> *"Il cervello umano non è progettato per ignorare. Ogni tentativo di evitare qualcosa porta con sé l'immagine*

mentale dell'azione, finendo per rinforzarla."
— Daniel Wegner

Questo fenomeno non riguarda solo i singoli individui, ma anche le dinamiche sociali e professionali. Un esempio pratico può essere trovato nell'ambito della formazione e crescita professionale: un leader che insiste su ciò che non deve accadere in un progetto genera ansia nel suo team, distogliendo l'attenzione dall'obiettivo principale. Al contrario, una leadership orientata a obiettivi positivi e al potenziale risultato finale incoraggia il gruppo a concentrarsi sulle azioni corrette e a evitare errori senza ossessione.

Infine, questo principio si applica profondamente alla nostra vita quotidiana e al modo in cui affrontiamo le sfide. Quante volte ci ripetiamo di "non fallire" o di "non fare brutta figura"? Tutte queste espressioni ci riportano a uno schema mentale negativo, in cui la paura e l'ansia prendono il sopravvento. Invece, dire "fai del tuo meglio" o "mostra il tuo valore" dà al nostro cervello una prospettiva più ampia e propositiva.

In conclusione, il linguaggio che utilizziamo influenza la nostra percezione e i nostri risultati. Concentrarci su ciò che vogliamo davvero fare, formulando i nostri obiettivi in positivo, ci permette di liberarci dai pensieri limitanti. Invece di pensare agli ostacoli, orientiamo la nostra attenzione sul percorso.

Per genitori e insegnanti, la creazione di capacità non è solo una responsabilità, ma un'opportunità di plasmare il futuro. Ogni gesto, una parola di incoraggiamento, un libro regalato, un pomeriggio passato a giocare insieme è un atto che contribuisce a espandere le possibilità di un giovane.

Le capacità possono essere create.

Non sono innate né predeterminate. Sono il risultato di un processo continuo di scoperta, apprendimento e crescita. E questo potenziale, intrinseco all'essere umano, è ciò che ci rende non solo intelligenti, ma profondamente e meravigliosamente umani.

Le competenze sono fondamentali, ma la vita reale richiede qualcosa in più: l'astuzia. È quella capacità pratica, radicata nell'intuizione, che ci permette di navigare le complessità del mondo.

OLTRE I LIBRI

La vita reale va spesso oltre ciò che si può apprendere dai libri. Serve intelligenza, certo, ma anche astuzia: quella capacità di leggere tra le righe delle situazioni, di adattarsi agli imprevisti e di cogliere opportunità dove altri vedono solo ostacoli.

Mentre l'IA si basa su algoritmi e dati per elaborare soluzioni, l'essere umano ha un dono che la macchina non può replicare: l'intuizione. È attraverso questa combinazione di esperienza e creatività che affrontiamo il caos del mondo, trasformando le complessità della vita reale in occasioni di crescita.

Nel corso della storia, l'intelligenza è stata spesso celebrata come il culmine delle capacità umane. Definita come la capacità di risolvere problemi, di apprendere rapidamente e di applicare conoscenze con efficienza, essa è stata il fulcro delle valutazioni accademiche e un indicatore di successo nella nostra società. Ma relegare il successo alla sola intelligenza rappresenta una visione parziale. A fianco di essa si erge l'astuzia, una qualità meno tangibile ma altrettanto fondamentale: l'arte di leggere tra le righe, decifrare le sfumature della realtà e adattarsi con flessibilità alle circostanze.

L'intelligenza, secondo molti studiosi, è una capacità misurabile. L'astuzia, al contrario, è stata celebrata nella letteratura e nella cultura come un'abilità pratica.

Machiavelli, ne Il Principe, ne offre una visione pragmatica:

> "Bisogna essere volpe per riconoscere le trappole e leone per spaventare i lupi".

L'astuzia, dunque, rappresenta la capacità di adattamento, il pensiero strategico e il senso pratico.

L'intelligenza: il rigore del pensiero strutturato

L'intelligenza è l'abilità che ci permette di costruire ponti, progettare algoritmi e risolvere equazioni. Daniel Goleman, nel suo lavoro sull'intelligenza emotiva, ci ricorda però che non è sufficiente essere cognitivamente brillanti per avere successo nella vita:

> "Le persone più intelligenti possono non essere le più efficaci, se non sanno come gestire le proprie emozioni e quelle degli altri."

esempio: un matematico che sviluppa un nuovo modello per calcolare le traiettorie dei satelliti sfrutta l'intelligenza pura. Ma senza la capacità di comunicare efficacemente le sue scoperte o di collaborare con ingegneri e scienziati, il suo lavoro potrebbe rimanere confinato in una nicchia.

L'astuzia: l'arte dell'adattamento

Se l'intelligenza è la capacità di dominare il noto, l'astuzia è l'abilità di navigare nell'ignoto. È quella qualità che emerge nei momenti di crisi, quando il manuale non offre soluzioni e l'improvvisazione diventa necessaria. L'astuzia ci permette di leggere il linguaggio del corpo, di cogliere le emozioni non dette e di adattare le nostre risposte in tempo reale.

Immaginiamo un leader che deve gestire una crisi aziendale improvvisa, come una fuga di notizie sensibili. L'intelligenza lo aiuta a seguire un protocollo, ma è l'astuzia che lo guida nel gestire il panico dei dipendenti, nel rassicurare i clienti e nel mantenere la fiducia degli azionisti.

Il valore dell'integrazione: intelligenza e astuzia come sinergia

Considerare l'intelligenza senza astuzia equivale a possedere una mappa dettagliata senza saper leggere i segnali del terreno. Allo stesso modo, affidarsi esclusivamente all'astuzia, senza le basi solide dell'intelligenza, può portare a decisioni impulsive e poco informate.

Per prosperare in qualsiasi ambito, che si tratti di scuola, lavoro o relazioni, è cruciale integrare le due capacità.
L'errore più comune, infatti, è considerare intelligenza e astuzia come opposte. In realtà, funzionano come le due ali di un uccello: solo insieme permettono di volare. Questo equilibrio si manifesta in molte situazioni della vita quotidiana, del lavoro e delle relazioni.

Immaginiamo un giovane imprenditore che decide di avviare una startup tecnologica. La sua intelligenza gli consente di sviluppare un prodotto innovativo, supportato da dati e ricerche approfondite. Tuttavia, è l'astuzia a guidarlo nel costruire relazioni di valore con investitori, a cogliere le dinamiche di mercato e ad adattarsi rapidamente ai cambiamenti.

Un esempio iconico è quello di Steve Jobs, che incarnava perfettamente questo equilibrio. La sua intelligenza tecnica e creativa lo ha portato a immaginare prodotti rivoluzionari come l'iPhone, ma è stata la sua astuzia nel comprendere i desideri del pubblico e nel creare una narrazione avvincente intorno ai suoi prodotti a trasformare Apple in un'icona globale.

Come afferma Brendon Burchard,

> *"L'efficacia non è solo il risultato di ciò che sappiamo, ma di come integriamo conoscenze e intuizioni per servire meglio gli altri."*

"Luigi, come possiamo armonizzare intelligenza e astuzia?"

Ecco come allenare l'intelligenza:
- Dedicate tempo all'apprendimento continuo: leggete libri, seguite corsi e sviluppate competenze tecniche.
- Coltivate il pensiero critico: analizzate i problemi da prospettive diverse, ponendovi domande come "Quali sono i fatti oggettivi?" e "Quali sono le implicazioni a lungo termine?"

Ecco come sviluppare l'astuzia:

- Praticate l'osservazione consapevole: notate dettagli che spesso sfuggono, come il tono di voce e il linguaggio del corpo.
- Esercitate l'empatia: mettetevi nei panni degli altri, cercando di capire motivazioni ed emozioni.

Ecco come integrare le due dimensioni:
- Usate l'intelligenza per analizzare il problema e l'astuzia per comprendere le dinamiche umane.
- Prendete decisioni basate su dati (intelligenza), ma lasciate spazio all'istinto quando i dati non sono chiari (astuzia).

In un mondo in cui la complessità è la norma, è fondamentale non polarizzarsi tra intelligenza e astuzia, ma abbracciarle entrambe come strumenti complementari. Come disse Albert Einstein,

> *"La mente intuitiva è un dono sacro e la mente razionale è un fedele servitore. Abbiamo creato una società che onora il servitore e ha dimenticato il dono".*

Trovare il giusto equilibrio tra le due non significa scegliere tra razionalità e intuito, ma riconoscere il valore di entrambe. L'equilibrio tra intelligenza e astuzia ci permette di affrontare la complessità della vita con mente chiara e cuore aperto. Non si tratta di scegliere tra razionalità e intuito, ma di integrare entrambe le qualità per creare una vita più ricca, significativa e appagante.

Abitudini deliberate: il ponte tra intelligenza e astuzia

Sebbene intelligenza e astuzia rappresentino due facce di una stessa medaglia, le abitudini deliberate emergono come il fattore che può armonizzare le due qualità, trasformandole in una potente sinergia per il successo personale e professionale.

In una serata con Sebastiano Zanolli ho sentito parlare per la prima volta di "abitudini deliberate".
Brendon Burchard introduce il concetto di High Performance Habits, sei abitudini deliberate che distinguono gli individui di alto rendimento da quelli mediocri. Queste abitudini si fondano sulla capacità di creare valore in modo sostenibile e ripetibile nel tempo.

Esse includono:
- Cercare chiarezza: definire chi si vuole essere, come si vuole interagire e quali obiettivi perseguire.
Questa abitudine implica definire obiettivi specifici, identificare chi vogliamo essere e come vogliamo interagire con gli altri.
Esempio: un giovane professionista vuole migliorare la sua carriera. Invece di fissare un obiettivo generico come "avere successo", definisce un piano chiaro: "Entro due anni, voglio diventare un manager nel settore delle risorse umane, sviluppando competenze in leadership e negoziazione." Ogni giorno si chiede: "Sto agendo in linea con il tipo di leader che voglio essere?"

- Generare energia: mantenere un livello ottimale di benessere fisico ed emotivo.
Questa abitudine consiste nel mantenere livelli ottimali di energia fisica, emotiva e mentale.
Esempio: una manager, spesso sopraffatta dai suoi

impegni, inizia a seguire una routine mattutina che include esercizio fisico, meditazione e una colazione nutriente. Questo le permette di affrontare le sue giornate con maggiore concentrazione e positività.

Altro esempio: in un ambiente di lavoro stressante, si possono implementare pause di 5-10 minuti ogni ora per fare stretching o esercizi di respirazione. Questa pratica migliora la produttività e riduce il burnout.

- Accrescere la necessità: creare un senso di urgenza motivazionale che alimenti l'impegno.

Significa trovare un forte senso di urgenza o motivazione per raggiungere un obiettivo, collegandolo a valori personali o obblighi sociali.

Esempio: uno studente, lottando per mantenere buoni voti, si collega al suo "perché": "Voglio essere il primo nella mia famiglia a laurearmi, così da ispirare i miei fratelli minori." Questo senso di responsabilità lo spinge a impegnarsi.

- Aumentare la produttività: concentrarsi su output di qualità prolifici.

Questa abitudine richiede di focalizzarsi su output di qualità prolifici e di minimizzare le distrazioni.

Esempio: un autore dedica due ore al giorno esclusivamente alla scrittura, senza email o notifiche. Si concentra sulla qualità dei contenuti e misura i progressi in termini di capitoli completati, non di tempo speso.

Altro esempio: un dirigente elimina le riunioni non essenziali dal suo calendario, delega attività operative e si concentra su iniziative strategiche che generano il maggior valore per l'azienda.

- Sviluppare influenza: coinvolgere e ispirare gli altri.

Significa creare relazioni significative e ispirare gli altri a supportare i nostri obiettivi.

Esempio: un leader aziendale dedica tempo a conoscere i membri del suo team individualmente, riconoscendo i loro punti di forza e motivandoli con feedback positivi. Questo approccio crea fiducia e stimola l'impegno.

- Dimostrare coraggio: agire con audacia, anche in condizioni di incertezza o paura.

Questa abitudine comporta prendere decisioni audaci, esprimere idee innovative e affrontare le sfide con determinazione.

Esempio: un dipendente suggerisce un cambio radicale di strategia durante una riunione, nonostante il rischio di critiche. La sua idea porta a una nuova linea di prodotti che diventa un successo.

Altro esempio: un membro di un team decide di confrontarsi con un collega su un problema relazionale, pur temendo il confronto. Grazie al dialogo aperto, entrambi migliorano la collaborazione.

Questi punti rivelano come l'intelligenza, spesso associata a capacità cognitive, e l'astuzia, legata alla capacità di adattarsi e leggere il contesto, possano essere disciplinate e rafforzate attraverso abitudini specifiche.

Anche l'astuzia deve confrontarsi con i limiti del nostro mondo. La sostenibilità ci ricorda che la vera intelligenza non è solo risolvere problemi, ma farlo in armonia con ciò che ci circonda.

L'IA SENZA ENERGIA: RIFLESSIONI SU SOSTENIBILITÀ E VULNERABILITÀ

"La tempesta solare del 2018 segnò il passaggio biblico dell'uomo da un'era a un'altra; da lì il pianeta non tornò più alla normalità che conosceva perché il vigore dell'universo lo costrinse a escogitare una nuova equazione di autosufficienza. Quelli che seguirono furono mesi terribili in cui si assistette alla progressiva distruzione di un mondo così tossicodipendente dalla tecnologia da non accorgersi di aver delegato all'energia elettrica la propria sorte e il potere assoluto su tutte le cose."
— Pascal Basile, Il mondo che verrà

Con questa potente immagine, Pascal Basile, nel suo

romanzo, non troppo fantascentifico, ci proietta in un futuro distopico in cui una tempesta solare blocca ogni attività elettrica sulla Terra. Questo scenario non solo ci invita a riflettere sulla fragilità della nostra dipendenza tecnologica, ma ci spinge a considerare l'enorme consumo energetico e l'impatto ambientale della tecnologia, in particolare, oggi, dell'intelligenza artificiale.

L'intelligenza artificiale e il consumo di energia

L'IA, per funzionare, dipende da infrastrutture complesse come data center e supercomputer, che richiedono enormi quantità di energia per l'elaborazione dei dati, il raffreddamento delle apparecchiature e la trasmissione delle informazioni. Alcuni dati stimano che l'industria dell'IA potrebbe consumare tra 85 e 134 terawattora all'anno entro il 2027.
Questo consumo è paragonabile al fabbisogno energetico di interi paesi di medie dimensioni.

I server utilizzati per l'IA generano una quantità significativa di emissioni di CO_2. Ogni query complessa su un modello di linguaggio come ChatGPT o la formazione di un modello di deep learning richiede energia sufficiente a illuminare una casa per giorni.

Se da un lato l'IA offre strumenti potenti per migliorare la produttività e risolvere problemi complessi, dall'altro solleva la domanda: è etico proseguire in questa direzione senza affrontare l'impatto energetico?

Nel romanzo di Pascal Basile, la civiltà tecnologica viene

messa in ginocchio da una tempesta solare che interrompe ogni attività elettrica sulla Terra. Questa narrazione ci costringe a considerare una verità spesso trascurata:

senza energia, la tecnologia è inutile.

L'IA, che dipende interamente dall'elettricità, non è progettata per sopravvivere a blackout su vasta scala. In uno scenario simile, anche i più avanzati sistemi di intelligenza artificiale diventerebbero solo ammassi di silicio senza utilità pratica.

Verso una convivenza sostenibile

Per costruire un equilibrio tra tecnologia e sostenibilità, è necessario affrontare queste sfide con soluzioni pragmatiche e innovative, adottando strategie che possono favorire una convivenza pacifica tra il sistema umano e l'artificiale.

1. Sviluppo di tecnologie energeticamente efficienti
Migliorare l'efficienza dei data center
I data center, il fulcro dell'elaborazione dell'IA, consumano quantità enormi di energia. Investire in tecnologie di raffreddamento avanzate e in processori più efficienti dal punto di vista energetico può ridurre significativamente l'impatto ambientale.
Sfruttare le energie rinnovabili
Alcune grandi aziende tecnologiche stanno già utilizzando fonti di energia rinnovabile per alimentare i loro data center. Google, ad esempio, ha raggiunto un bilancio energetico neutro grazie all'utilizzo di energia solare ed eolica.

2. Diversificazione e resilienza delle infrastrutture energetiche

Un blackout globale, come quello descritto da Basile, mette in evidenza la necessità di diversificare le fonti di energia. Sistemi decentralizzati, come le reti intelligenti (smart grids), possono migliorare la resilienza alle interruzioni.

Esempio pratico: un data center potrebbe essere progettato per funzionare con una combinazione di energia solare, eolica e sistemi di accumulo a batteria. Questo approccio non solo riduce le emissioni di carbonio, ma garantisce continuità operativa anche in caso di emergenza.

3. Ottimizzazione dell'uso dell'IA
Ridurre l'elaborazione superflua

Non tutte le applicazioni di IA richiedono modelli complessi e dispendiosi in termini di energia. Ottimizzare i processi per utilizzare solo la potenza necessaria può ridurre il consumo.

Promuovere un uso consapevole

Educare gli utenti sull'impatto delle loro azioni digitali può fare una grande differenza. Ad esempio, incoraggiare l'uso di modelli AI solo quando realmente necessario.

4. Prevenzione degli scenari di vulnerabilità tecnologica
Prepararsi a eventi estremi

Le tempeste solari, anche se rare, sono una minaccia reale. Investire in sistemi di backup non elettrici e in soluzioni alternative per garantire la continuità delle attività critiche è fondamentale.

Ripensare il rapporto con la tecnologia

La narrazione di Basile ci invita a riflettere sulla nostra dipendenza tecnologica e a sviluppare competenze che possano essere utili anche in assenza di tecnologia avanzata. L'educazione potrebbe includere un focus su abilità pratiche e strategie di sopravvivenza.

Costruire un futuro equilibrato

Isaac Asimov ha spesso riflettuto sulle implicazioni etiche e le potenziali vulnerabilità associate al progresso tecnologico. Una delle sue citazioni più pertinenti in questo contesto è:

"Qualsiasi innovazione tecnologica può essere pericolosa: il fuoco lo è stato fin dal principio, e il linguaggio ancor di più; si può dire che entrambi siano ancora pericolosi al giorno d'oggi, ma nessun uomo potrebbe dirsi tale senza il fuoco e senza la parola."

Questa riflessione sottolinea come ogni progresso tecnologico porti con sé potenziali rischi, ma anche come tali innovazioni siano fondamentali per lo sviluppo umano. Asimov evidenzia la necessità di un uso consapevole e responsabile della tecnologia, riconoscendo sia i benefici che le possibili insidie.

Inoltre, Asimov ha espresso preoccupazione per la rapidità con cui la scienza avanza rispetto alla saggezza sociale:

"L'aspetto più triste della vita in questo momento è che la scienza raccoglie conoscenza più velocemente di quanto la società raccolga saggezza."

Questa osservazione mette in luce la discrepanza tra l'evoluzione tecnologica e la capacità della società di gestirne le conseguenze etiche e ambientali, sottolineando l'importanza di sviluppare una consapevolezza critica e una responsabilità collettiva nell'adozione delle nuove tecnologie.

La tecnologia, e in particolare l'IA, può trasformare il nostro modo di vivere, lavorare e risolvere problemi complessi, ma non dobbiamo dimenticare che queste meraviglie dipendono da infrastrutture fragili e da risorse finite.

Per costruire una convivenza pacifica tra il sistema umano e l'artificiale, è essenziale mantenere un equilibrio tra progresso tecnologico e resilienza umana.

L'intelligenza artificiale non è solo un alleato, ma anche un promemoria delle responsabilità che derivano dall'utilizzo delle risorse del nostro pianeta.

Con una pianificazione etica e sostenibile, possiamo evitare i blackout non solo elettrici, ma anche morali, costruendo un mondo più armonioso e duraturo.

EPILOGO

Abbiamo percorso insieme un viaggio, esplorando i superpoteri che rendono l'essere umano unico e irripetibile. Creatività, empatia, intuizione e la capacità di immaginare e trasformare sono solo alcune delle straordinarie qualità che ci distinguono, che ci permettono di affrontare le sfide della vita e di costruire il nostro futuro.

In un mondo sempre più tecnologico, è facile sentirsi sopraffatti dalla potenza dell'intelligenza artificiale. Ma, come abbiamo visto, la tecnologia non può sostituirci: può supportarci, aiutarci a crescere, ma non potrà mai replicare la ricchezza del pensiero umano. È proprio in queste qualità che risiede la nostra forza, e sarà proprio la nostra capacità di coltivare e valorizzare questi superpoteri a determinare il nostro ruolo nel futuro.

Il futuro non è nelle mani di chi possiede la tecnologia, ma di chi sa usarla con saggezza e umanità. Il futuro è nelle mani di chi ha la capacità di immaginare un mondo migliore, di porre domande e trovare risposte che vadano oltre i dati. Il futuro è nelle mani di chi sa creare legami, di chi è pronto a sacrificarsi per ciò che conta davvero e di chi è motivato da un desiderio autentico di cambiamento.

Abbiamo il potere di plasmare il nostro destino, non solo attraverso ciò che sappiamo, ma attraverso ciò che siamo.

Questo libro è stato un invito a riscoprire e valorizzare il nostro pensiero, a credere nel nostro potenziale e a non lasciarci sopraffare da ciò che non comprendiamo. Siamo noi, con i nostri superpoteri, a determinare la strada da percorrere.

Il futuro sarà nelle mani di chi sa coltivare questi poteri, chi sa guardare oltre la tecnologia e vedere l'essenza dell'essere umano. È in noi che risiede il vero potere di cambiare il mondo.

"...a riveder le stelle"

Mentre intraprendiamo il nostro cammino nel futuro, ricordiamo che non siamo soli. La tecnologia, seppur potente, è solo uno strumento. Le *"stelle"* del nostro destino sono ancora lì, pronte ad essere viste da chi ha il coraggio di guardare oltre l'orizzonte.

Il viaggio non è finito: insieme possiamo costruire un mondo in cui l'intelligenza umana e l'intelligenza artificiale collaborano per un bene maggiore, senza mai perdere di vista ciò che ci rende veramente umani.

Luigi Resta

POSTFAZIONE

Quando ho iniziato a scrivere questo libro, mi sono posto una domanda fondamentale: come possiamo convivere con l'intelligenza artificiale senza perdere la nostra identità umana? Mentre esploravo questa domanda, ho scoperto che non è la tecnologia a definire il nostro futuro, ma come decidiamo di usarla. In questo viaggio, ho voluto raccontare non solo delle sfide, ma delle incredibili opportunità che l'intelligenza artificiale offre. La vera chiave, però, risiede in ciò che ci rende veramente unici: le qualità che solo gli esseri umani possiedono.

Non si tratta di scegliere tra uomo e macchina, ma di capire come possiamo integrare la tecnologia per migliorarci, non per sostituirci. La creatività, l'empatia, l'intuizione: questi ed altri superpoteri del pensiero umano sono le risorse che dobbiamo custodire e valorizzare. Sono poteri che ci permettono di affrontare il futuro con coraggio e di costruire un mondo migliore, dove la tecnologia è un'estensione della nostra volontà, e non una forza che ci sovraintende.

In un'epoca in cui le sfide globali sembrano sempre più complesse, dobbiamo ricordarci che, nonostante i progressi tecnologici, la nostra vera forza risiede nella capacità di pensare, sentire e agire con consapevolezza. La tecnologia può sicuramente aiutarci a raggiungere nuovi traguardi, ma non è essa che definisce chi siamo. La nostra umanità, il nostro spirito creativo, la nostra capacità di amare e di comprendere sono e saranno sempre ciò che ci distingue.

Ti invito quindi a riflettere su come stai utilizzando il tuo pensiero, i tuoi superpoteri. Cosa puoi fare per renderli ancora più forti? Come puoi usarli per affrontare le sfide del presente e del futuro, e per lasciare un segno positivo nel mondo che verrà?

L'intelligenza artificiale non deve spaventarci, ma ispirarci. In un mondo che cambia, abbiamo ancora il potere di scegliere come viverlo. E questa scelta è nelle nostre mani.

Luigi Resta

INFORMAZIONI SULL'AUTORE

Luigi Resta

Luigi Resta, nato nel 1970, è un professionista con una lunga esperienza nello sviluppo Web e nel Marketing. Nel 2002 ha fondato WorkOnNet, un'agenzia che offre soluzioni digitali su misura, supportando piccole e medie imprese nella crescita attraverso un utilizzo consapevole delle tecnologie.

Parallelamente alla sua attività professionale, Luigi è fortemente impegnato nella comunità locale di Spilamberto, in provincia di Modena, dove ricopre ruoli di leadership e supporto in diverse associazioni. È anche un appassionato di filosofia orientale e un attento osservatore del rapporto tra uomo e tecnologia, con particolare attenzione alle potenzialità e ai limiti di entrambi.

Attraverso i suoi scritti e i post sui social, spesso

accompagnati dall'hashtag #humanizeyourself, Luigi sensibilizza il pubblico sull'importanza di preservare e valorizzare le capacità uniche del pensiero umano.

Questo libro rappresenta il risultato di anni di ricerca e riflessioni, e incarna il suo impegno nel trovare un equilibrio tra progresso tecnologico e valore umano, ispirando un dialogo consapevole sull'uso della tecnologia nella nostra vita.

Lo trovate anche qui:
https://www.luigiresta.it
https://www.facebook.com/lresta
https://www.instagram.com/restaluigiresta/